Lektüre easy
Franz Kafka
Die Verwandlung

von

Wolf Dieter Hellberg

Klett Verlag
Stuttgart Düsseldorf Leipzig

Die Seiten- und Zeilenangaben beziehen sich auf folgende Textausgabe:
Franz Kafka, Die Verwandlung, Stuttgart (Reclam) 1995.

Gedruckt auf Papier,
das aus chlorfrei gebleichtem
Zellstoff hergestellt wurde.

9 783129 280942

Die Deutsche Bibliothek – CIP-Einheitsaufnahme

Ein Datensatz für diese Publikation ist bei
Der Deutschen Bibliothek erhältlich

Auflage 4. 3. 2. 1. | 2004 2003 2002 2001
Die letzten Zahlen bezeichnen jeweils die Auflage
und das Jahr des letzten Druckes.
Dieses Werk folgt der reformierten Rechtschreibung und Zeichensetzung.
Ausnahmen bilden Texte, bei denen künstlerische, philologische oder lizenzrechtliche Gründe einer Änderung entgegenstehen.
Umschlagabbildung: Ullstein Bilderdienst, Berlin

Internetadresse: http://www.klett-verlag.de/klett-lerntraining
E-Mail: klett-kundenservice@klett-mail.de
Umschlaggestaltung: Bayerl & Ost, Frankfurt / Main
Innengestaltung: Kirsten Brückmann, Stuttgart
DTP: Bettina Herrmann, Stuttgart
Druck: Wilhelm Röck, Weinsberg
ISBN: 3-12-928094-4

Inhalt

Der Gang der Handlung

Die Erzählung ist in drei – nahezu gleich lange – Kapitel untergliedert, die unterschiedliche Perspektiven auf das Geschehen eröffnen.

1. Kapitel

Im 1. Kapitel werden die ersten Stunden nach Gregors Verwandlung geschildert, dabei stehen seine äußere Verwandlung, seine Erinnerungen an seine Tätigkeit als Reisender und sein Beruf im Vordergrund.
Das Geschehen entwickelt eine starke Dynamik und ist gekennzeichnet durch eine Folge von dramatischen Ereignissen: Es beginnt mit der für alle unerwarteten und erschreckenden Verwandlung Gregors und endet schließlich mit der aggressiven Verfolgung durch den Vater.
In Gestalt des Prokuristen dringt die berufliche Vergangenheit Gregors und die feindliche Außenwelt in die Welt der Familie ein.

Der ungewohnte neue Körper

„Als Gregor Samsa eines Morgens aus unruhigen Träumen" (5/2) erwacht, stellt er fest, dass er sich über Nacht in einen riesigen Käfer verwandelt hat. Nüchtern betrachtet er zunächst seinen neuen Körper, von dem die Bettdecke herunterzugleiten droht.
Gregor Samsa muss erkennen, dass die Verwandlung keineswegs ein Traum ist. Er mustert das Zimmer und bemerkt, dass er sich in seinem Zimmer befindet: Auf dem Tisch liegt die Musterkollektion mit Tuchwaren, die er als reisender Vertreter am Abend zuvor ausgebreitet hat. An der Wand erkennt er das Bild, das er erst kürzlich aus einer Illustrierten ausgeschnitten und in einem selbstangefertigten Rahmen untergebracht hat.

Sein Blick fällt auf das Fenster, und er hört den Regen, der ihn in eine melancholische Stimmung versetzt. Ihn überkommt der Wunsch, weiterzuschlafen, doch er kann sich nicht auf seine zum Schlafen gewohnte rechte Seite drehen, immer wieder fällt er auf den Rücken zurück .

Erinnerung an den verhassten Beruf

Während er weiter in der ungeliebten Rückenlage verharrt, verflucht er seinen verhassten Beruf als Vertreter. Der Beruf zwingt ihn dazu, täglich zu reisen, Zuganschlüsse einzuhalten, unregelmäßig und schlecht zu essen, und er verhindert schließlich alle menschlichen, tiefer gehenden Beziehungen. Er hasst das frühe Aufstehen, den Druck, den sein Chef auf ihn ausübt, und er ist verbittert und bemitleidet sich selbst, wenn er seine Lage vergleicht mit der seiner Kollegen. Diese stehen spät auf und leben in Wohlstand und Gelassenheit. Er weiß, dass er sich dies niemals würde leisten können, da sein Chef ihn sofort entlassen würde. Die Entlassung selbst würde ihm nichts ausmachen, da er selbst schon längst gekündigt hätte, er glaubt jedoch, sich wegen seiner Eltern zurückhalten zu müssen, denn er sieht sich gezwungen, die Schulden seines Vaters abzutragen.
In diesem Augenblick erinnert er sich daran, dass er aufstehen muss, denn sein Zug fährt um fünf Uhr. Zu seinem Schrecken sieht er, dass sein Wecker schon fast viertel vor sieben anzeigt.
Blitzartig schießt ihm durch den Kopf, dass der nächste Zug schon um 7 Uhr geht. Doch selbst wenn er den Zug erreichen würde, wäre ein erheblicher Ärger nicht zu vermeiden, da der Geschäftsdiener ihn bei dem früheren Zug erwartet hat und schon längst Meldung über die Verspätung erstattet haben würde. Den Gedanken an eine Krankmeldung verwirft er sofort wieder, denn dies würde unzweifelhaft Verdacht erregen, da er seit Dienstantritt vor fünf Jahren nie krank gewesen ist.

Die besorgte Familie

Während er noch hastig nachdenkt, ob er nicht doch aufstehen solle, läutet der Wecker viertel vor sieben, fast gleichzeitig klopft seine Mutter an die Tür und fragt ihn mit sanfter Stimme, ob er nicht habe wegfahren wollen.
Auch der Vater pocht nun an eine Seitentür, um zu fragen, was geschehen sei. Kurze Zeit später erkundigt sich an der gegenüberliegenden Tür die Schwester besorgt, ob er etwas benötige.
Gregor konzentriert seine Gedanken darauf, die alltäglichen Verrichtungen zu bewältigen: aufzustehen, sich anzuziehen, zu frühstücken. Zudem ist er von einem einzigen Gedanken angetrieben, sich nicht unnütz im Bett aufzuhalten.
Aber er schafft es nicht, mit seinem Unterkörper zuerst aus dem Bett zu kommen. Dennoch verfolgt Gregor sein Vorhaben, auf jeden Fall das Bett zu verlassen; inzwischen hat es sieben Uhr geschlagen, und Gregor setzt sich das Ziel, noch bevor es viertel nach sieben geschlagen haben würde, das Bett endgültig verlassen zu haben.

Die Ankunft des Prokuristen

Zum Verlassen des Bettes wählt er eine neue Methode. Ruckweise schaukelt er, um sich seitlich aus dem Bett fallen zu lassen. In dem Moment, in dem er sich einen letzten Ruck geben muss, um aus dem Bett zu fallen, läutet der Vertreter des Geschäfts, der Prokurist, an der Tür. In seiner Aufregung fällt Gregor mit einem lauten Schlag aus dem Bett. Zwar schwächt der Teppich den Fall ein wenig ab, und auch der Rückenpanzer erweist sich als recht elastisch, dennoch schlägt er sich den Kopf an.
Sowohl Gregors Schwester als auch sein Vater teilen Gregor unabhängig voneinander die Ankunft des Prokuristen mit; dabei erklärt der Vater fast unterwürfig, dass man nicht wisse, wie man dem Prokuristen Gregors Verspätung erklären solle, er möge doch bitte die Tür öffnen. Nur die Mutter, die dem Vater dabei ins Wort fällt, entschuldigt Gregors Versäumnis damit, dass ihm sicherlich nicht wohl sei.

Die ungeduldige Frage des Vaters, ob der Prokurist nun endlich Gregors Zimmer betreten könne, verneint Gregor knapp und unmissverständlich. Angesichts seines Zustandes hält Gregor es für viel angemessener, wenn man ihn zunächst in Ruhe ließe.

Die Vorwürfe des Prokuristen

Doch lautstark macht der Prokurist ihm Vorhaltungen. Er vernachlässige seine Pflichten und deutet an, dass sein Chef das Fehlen damit erkläre, dass Gregor Geld unterschlagen haben könnte.
Völlig verstört über das Gehörte vergisst Gregor alle bisherigen Überlegungen, entschuldigt sich wortreich für das Versäumnis und versucht, es mit einer leichten Erkrankung zu erklären. Er weist die Vorwürfe zurück und versichert, unverzüglich mit dem Zug um acht Uhr zu fahren.
Währenddessen versucht Gregor verzweifelt, sich an seinem Kleiderschrank aufzurichten, um die Tür zu öffnen.
Zwischenzeitlich ist es Gregor gelungen, sich aufzurichten, sich auf die Rückenlehne eines Stuhles zurückfallen zu lassen und den Gesprächen an der Tür zuzuhören.
Der Prokurist hat von Gregors Antworten kein Wort verstanden und glaubt, Gregor wolle ihn zum Narren halten. Die Mutter befürchtet, dass Gregor ernstlich erkrankt sei, und fordert ihre Tochter auf, unverzüglich einen Arzt zu holen. Der Vater dagegen verlangt, dass das Dienstmädchen einen Schlosser holt, um die Tür aufzubrechen. Fluchtartig verlassen die Schwester und das Dienstmädchen das Haus.
Die Gespräche beruhigen Gregor, denn er glaubt den Aussagen entnehmen zu können, dass man ihm helfen will. Der Ruf nach Arzt und Schlosser scheint ihm Signal zu sein, dass er nicht aus der menschlichen Gesellschaft ausgeschlossen ist.
Diese Gedanken beflügeln Gregor, und er schiebt sich zur Tür hin, wirft sich, indem er sich mit den klebrigen Ballen seiner Beinchen aufrecht hält, gegen die Tür und beginnt, mit seinem starken Kiefer den Schlüssel zu drehen.

Gregor als Käfer – die erschreckende Wahrheit

Endlich gelingt es ihm unter erheblichen Mühen, das Schloss zu öffnen, die Türklinke niederzudrücken und den einen Flügel der Tür zu öffnen. Dabei werden Kopf und ein Teil seines Käferkörpers für die Eltern und den Prokuristen sichtbar.
Entsetzt weicht der Prokurist vor diesem Anblick zurück, die Mutter faltet die Hände und bricht zusammen. Der Vater ballt zunächst feindselig die Fäuste, blickt sich dann unsicher im Wohnzimmer um, beschattet die Augen mit der Hand, als blende ihn etwas, und schließlich weint er hemmungslos.
Gregor bleibt unverwandt stehen, teilweise durch die Flügeltür verdeckt. In der Zwischenzeit hat sich der Nebel draußen verzogen, es ist heller geworden und gegenüber ist die graue, unendlich lange Fensterfront des Krankenhauses zu sehen.
Gregors Blick fällt auf eine Fotografie, die ihn als respektfordernden jungen Leutnant zeigt; schließlich kann er durch die Flurtür und die geöffnete Wohnzimmertür die ersten Treppenstufen erblicken.

Gregors Versuch der Verteidigung

Flehentlich spricht Gregor den Prokuristen an, zu ihm zu halten, er sei doch keineswegs starrsinnig; auch wenn das Reisen beschwerlich sei, so arbeite er doch gerne. Er kenne zwar die Vorurteile gegenüber Vertretern, dass sie viel Geld verdienten und es ihnen auch sonst gut gehe, doch der Prokurist müsse es doch besser wissen. Gregor schließt mit der Bemerkung, dass es unmöglich sei, sich gegen Klatsch, Missverständnisse und grundlose Beschwerden zu wehren, da man von ihnen erst zu spät erfahre.
Doch schon bei Gregors ersten Worten, die ihm unverständlich bleiben, zieht sich der Prokurist vorsichtig aus dem Wohnzimmer durch den Flur zum Treppenaufsatz zurück, bereit zur Flucht.
Gregor glaubt, er müsse den Prokuristen aufhalten, ihn beruhigen und schließlich für sich gewinnen, um seine Zukunft und die der Familie nicht ernstlich zu gefährden.

Obgleich Gregor seine Beweglichkeit und seine Fähigkeit zu sprechen nicht einschätzen kann, versucht er nun auf eigene Faust den Prokuristen für sich zu gewinnen. Er verlässt seinen Platz, von dem aus er bisher alles beobachtet hat, schiebt sich in den geöffneten Flügel der Tür und fällt auf seine vielen, schwer zu kontrollierenden Beinchen. Auf dem Boden fühlt Gregor erstmals ein gewisses Wohlbefinden. Seine Beinchen gehorchen und schon glaubt Gregor an eine endgültige Heilung seines Leidens. Daher kommt die panische Reaktion seiner Mutter, die mit einem Schreckensschrei aus ihrer Ohnmacht aufspringt, sich entsetzt auf den gedeckten Frühstückstisch setzt und dabei die Kaffeekanne umstößt, für Gregor überraschend. Der auslaufende Kaffee verführt Gregor dazu, mit seinen Mundwerkzeugen danach zu schnappen, was die Mutter nur noch mehr erschreckt. Sie flüchtet sich in die Arme ihres Mannes.
Gregor konzentriert sich auf seine eigentliche Absicht, den Prokuristen, der schon die Treppe erreicht hat, aufzuhalten, und so versucht er, ihn mit einem Anlauf einzuholen. Doch der Prokurist flieht panisch und lässt seinen Hut, seinen Stock und seinen Überzieher zurück.

Die Reaktionen des Vaters

Unbegreiflich bleibt für Gregor, warum sein Vater ihm nicht hilft, den Prokuristen aufzuhalten. Im Gegenteil ergreift der Vater den Stock des Prokuristen und eine große Zeitung und treibt Gregor in sein Zimmer zurück. Stampfend und Zischlaute ausstoßend, verfolgt er Gregor, der sich schließlich langsam umwendet, da er beim Rückwärtsgehen die Richtung nicht einhalten kann. Die ganze Zeit über befürchtet Gregor einen tödlichen Schlag vom Vater zu erhalten. Schließlich aber hilft der Vater ihm mit der Spitze des Stocks, die richtige Richtung zu finden. Vor der halb geöffneten Tür muss Gregor feststellen, dass er zu breit ist, um in sein Zimmer zu gelangen. Verzweifelt schiebt Gregor sich schräg durch die Tür, bleibt hängen und erst nach einem heftigen Stoß, den der Vater ihm versetzt, flieht er blutend in sein Zimmer.
Hinter dem Käfer schlägt die Tür zu, dann tritt Stille ein.

2. Kapitel

Wie das 1. Kapitel beginnt auch das 2. Kapitel mit dem Erwachen Gregors. War er im 1. Kapitel am frühen Morgen aus unruhigen Träumen erwacht, so wacht er nun am späten Abend aus seinem „ohnmachtsähnlichen“ (24/3) Schlaf auf. Stand im 1. Kapitel Gregors Verhältnis zu seinem Beruf im Vordergrund, so ist nun seine Beziehung zur Familie von Bedeutung.
Zudem ist dieses Kapitel stark geprägt durch Gedanken Gregors sowie durch seine Wahrnehmungen. Seine neuen Gewohnheiten (Nahrungsaufnahme) und sein käferhaftes Verhalten (Herumkriechen an Wänden und an der Decke) werden herausgestellt. Erst zum Schluss des Kapitels, als Gregors Zimmer ausgeräumt wird, gewinnt die Erzählung wieder an Dramatik, die in Gregors Ausbruch und den Apfelwürfen des Vaters gipfelt.

Erste Beobachtungen aus der Käferperspektive

Gregor glaubt aufgeweckt worden zu sein von leisen Schritten und von dem vorsichtigen Öffnen der Tür. Während die Decke und der obere Teil des Zimmers dürftig vom Schein der Straßenlaterne beleuchtet werden, ist es am Boden dunkel, so dass Gregor erstmals von seinen Fühlern Gebrauch machen muss, um zur Tür zu kriechen. Dabei stellt er fest, dass der Geruch von Essbarem ihn zur Tür gelockt hat. An der Tür findet er einen Napf, mit süßer Milch und Weißbrotschnitten gefüllt, und er nimmt an, dass ihm seine Schwester dies hingestellt hat. Aber schon nach den ersten Schlucken wendet er sich, trotz seines Hungers, widerwillig von seinem früheren Lieblingsgetränk ab.
Durch die Türspalte sieht Gregor, dass im Wohnzimmer Licht brennt, dennoch ist kein Laut zu vernehmen. Gregors Gedanken schweifen ab, und er empfindet plötzlich großen Stolz darüber, dass er seiner Familie ein sorgenfreies Leben und eine große Wohnung ermöglicht hat. Unvermittelt stellt sich ihm die Frage nach der Zukunft, und erstmals blitzt in Gregors Gedanken das Grauenhafte seiner Verwandlung auf.

Er sucht diesen Gedanken zu entkommen, indem er seinen animalischen Bedürfnissen folgt und im Zimmer herumkriecht.
Gregor stellt fest, dass alle Schlüssel außen stecken. Anders als am Morgen der Verwandlung, als er noch alle Zimmerschlüssel für sein Zimmer von innen kontrollieren konnte, ist er nun Gefangener der Familie.
Zunächst will sich Gregor dem Gedanken widmen, wie sein Leben nun neu zu ordnen sei, doch im gleichen Augenblick konzentriert sich sein Blick auf sein Zimmer. Er muss feststellen, dass es ihn, obgleich er es seit fünf Jahren bewohnt, plötzlich ängstigt; v.a. die Höhe fällt ihm, der ja nun flach am Boden kriecht, unangenehm auf. Halb unbewusst verkriecht er sich unter dem Sofa und verbringt die Nacht im Halbschlaf.

Die Käferfütterung

Als seine Schwester am nächsten Morgen das Zimmer betritt, sieht sie sich zunächst suchend um, verlässt voller Schrecken das Zimmer, als sie ihn unter dem Sofa entdeckt, um sofort vorsichtig auf Zehenspitzen zurückzukehren. Sie bemerkt, dass die Milch fast unberührt ist. Mit einem Putztuch nimmt sie den Topf auf, trägt ihn hinaus und kehrt mit verschiedenen Essensresten und Broten wieder zurück, die sie auf einer Zeitung ausbreitet, um Gregors neuen Geschmack zu erforschen. Eilig verlässt sie das Zimmer und schließt hinter sich ab.
Gierig stürzt Gregor sich auf den Käse, den er zwei Tage zuvor ungenießbar fand, und verzehrt auch das alte, halbverfaulte Gemüse und die angetrocknete Sauce. Die frischen Speisen dagegen rufen in ihm Ekel hervor.
Die Schwester kehrt zurück, als Gregor noch satt und faul ausruht. Das Aufschließen der Zimmertür schreckt ihn auf, und er eilt unter das Sofa, um sich zu verstecken. Er beobachtet, wie seine Schwester die Reste des Essens zusammenkehrt und sie eilig in einen Kübel schüttet. Täglich erhält Gregor nun von seiner Schwester das Essen jeweils zu Zeiten, zu denen seine Eltern noch oder schon wieder schlafen.

Die finanzielle Situation der Familie

Zu seiner großen Freude erfährt Gregor schon am ersten Tag nach seiner Verwandlung, dass sein Vater beim Zusammenbruch seines Geschäftes nicht alles Geld verloren hat, wie er bislang geglaubt hat. Nach dem Konkurs des Vaters war es Gregors einzige Sorge, das Unglück möglichst rasch vergessen zu machen. Dementsprechend hat er sich mit besonderem Eifer in die Arbeit gestürzt und ist schnell vom einfachen Gehilfen zum Reisenden mit gutem Einkommen aufgestiegen.

Bei der Darlegung der finanziellen Situation erfährt Gregor außerdem, dass der Vater von dem Geld, das Gregor der Familie monatlich abgeliefert hat, etwas zurückgelegt hat, so dass dieses Geld zu einem kleinen Kapital angewachsen ist.

Da Gregor sich ausrechnet, dass die Zinsen des vorhandenen Geldes nicht zum Leben reichen werden, das Kapital aber auch nur ein bis zwei Jahre für die Familie ausreichen würde, macht er sich Sorgen über die Zukunft seiner Familie.

Der Besuch der Mutter

Zunehmend fällt es Gregor schwerer, die Dienste der Schwester anzunehmen; zum einen leidet er darunter, ihr nicht seine Dankbarkeit zeigen zu können, zum anderen zeigen ihre Verhaltensweisen, dass ihr sein Anblick zuwider ist. Aus Rücksichtnahme breitet daraufhin Gregor in mühseliger Arbeit ein weißes Tuch aus Leinen so auf dem Sofa aus, dass er nun gänzlich verdeckt ist.

Vierzehn Tage lang können sich die Eltern nicht überwinden, Gregors Zimmer zu betreten. Hingegen hat seine Schwester durch ihre aufopfernde Betreuung bei ihren Eltern Anerkennung gefunden.

Schon recht bald hat die Mutter den Wunsch, Gregor zu besuchen. Sie sieht in dem Käfer immer noch ihren unglücklichen Sohn, doch sie wird von ihrem Mann und ihrer Tochter energisch zurückgehalten. Dabei stellt Gregor sich die Frage, ob nicht anstelle der Schwester, die offensichtlich überfordert ist, die Mutter seine Betreuung überneh-

men sollte. Er ist davon überzeugt, dass seine Mutter alles viel besser verstehen würde als seine Schwester.
Weil Gregor weder sein Essen noch das ruhige Liegen oder das Auf-dem-Boden-Herumkriechen Vergnügen bereiten, sucht er eine neue Zerstreuung. Er kriecht an den Wänden und an der Decke umher und lässt sich gelegentlich, von einem neuen Glücksgefühl erfüllt, von der Decke auf den Boden fallen.
Gregors Schwester fällt diese neue Art der Ablenkung sofort auf, und sie plant, Gregor zu helfen und alle hinderlichen Möbel aus dem Zimmer zu räumen. Da sie nicht wagt, den Vater um Hilfe zu bitten, und das Dienstmädchen nicht in Frage kommt, sieht sie sich gezwungen, die Mutter zu bitten, ihr beim Ausräumen zu helfen. Zunächst stimmt die Mutter freudig zu, zögert dann allerdings vor Gregors Zimmer und betritt es erst, nachdem ihre Tochter ihr versichert hat, dass man Gregor nicht sehen könne.

Das Ausräumen des Zimmers

Verdeckt unter dem Leintuch und versteckt unter dem Kanapee lauscht Gregor den Anstrengungen der beiden Frauen, die sein Zimmer ausräumen. Zwar macht die Mutter Einwände gegen das Ausräumen des Zimmers, doch ihre Tochter ist entschieden dafür, alles, außer dem Kanapee, aus dem Zimmer zu entfernen. Gregor ist zwar bereit, den Abtransport des Schrankes zu dulden, will aber verhindern, dass sein Schreibtisch, den er von klein auf benutzt hat, fortgetragen wird. Er kriecht unter dem Kanapee hervor, zieht sich allerdings sofort wieder zurück, als die Mutter eintritt, da er diese nicht erschrecken möchte.

Der Ausbruch Gregors und die Ohnmacht der Mutter

Voller Unruhe nimmt er in seinem Versteck zur Kenntnis, dass alles aus seinem Zimmer geräumt wird: sein Schrank, seine Laubsäge, weitere Werkzeuge. Als die beiden Frauen nun seinen Schreibtisch hinaustragen, kann er sich nicht mehr zurückhalten und er bricht hervor.

Zunächst ist er ratlos, was er schützen soll, doch dann fällt sein Blick auf das Bild mit der pelzgekleideten Dame. Gregor kriecht zum Bild und sucht es zu beschützen, indem er es mit seinem ganzen Körper bedeckt. Gleichzeitig schaut er zur Tür, um die Rückkehr der beiden Frauen zu beobachten.
Sofort nach ihrem Eintreten erblickt Grete ihren Bruder und versucht ihre Mutter abzulenken, doch Gretes Verhalten beunruhigt die Mutter erst recht, sie schaut sich um und voller Entsetzen erblickt sie den Käfer als riesigen braunen Fleck auf der Wand. Ohnmächtig bricht sie auf dem Kanapee zusammen, während die Schwester Gregor mit Blicken und Fäusten droht und strafend seinen Namen nennt. Dies sind übrigens die ersten Worten, die sie an ihren Bruder seit seiner Verwandlung richtet.
Als Grete in das Nebenzimmer geht, um eine Essenz zu holen, die die Mutter aus der Ohnmacht wecken könnte, reißt sich Gregor von dem Bild an der Wand los und folgt ihr in das Zimmer, um ihr irgendwie behilflich zu sein. Dabei erschreckt Gregor seine Schwester so, dass eines der Fläschchen auf den Boden fällt und zerbricht, wobei ein Splitter Gregor verletzt. Eilig verlässt Grete das Wohnzimmer mit vielen Fläschchen und verschließt die Tür zum Nebenzimmer. Gregor, der sich Vorwürfe macht, seine Mutter möglicherweise an den Rand des Todes gebracht zu haben, sucht sich von seinen Selbstvorwürfen abzulenken, indem er im Wohnzimmer über Möbel, Wände und Zimmerdecke kriecht und sich schließlich verzweifelt auf den großen Tisch fallen lässt.

Die Reaktion des Vaters, die Verfolgungsjagd

Der Vater, der zu diesem Zeitpunkt nach Hause kommt, erfährt von seiner Tochter, dass Gregor sein Zimmer verlassen hat, also ausgebrochen ist. Als habe er es immer geahnt, seufzt der Vater zugleich wütend und froh auf und nähert sich angriffslustig dem Käfer.
Gregor ist völlig überrascht über das Aussehen, die Vitalität und die Größe seines Vaters, der durch seine neuen Aufgaben an Lebenskraft gewonnen zu haben scheint. Als wisse er nicht ganz genau, was er mit

Gregor machen solle, verfolgt der Vater Gregor langsam mehrmals um den Tisch. Gregors zielloser Rückzug ist auch darin begründet, dass die Tür zu seinem Zimmer nach wie vor verschlossen ist. Gregor verwirft seinen Gedanken, zur Flucht Wände und Decke zu nutzen, zugleich registriert er, dass ihn seine Kräfte verlassen. In diesem Augenblick erfasst er, dass sein Vater ihn gezielt mit Äpfeln bewirft. Ein Apfel dringt tief in Gregors Rücken ein, und der unerhörte Schmerz raubt ihm die Sinne. Er kann nur noch schwach erkennen, dass die Tür zu seinem Zimmer aufgerissen wird und seine Mutter sowie Grete herausstürzen und den Vater um Schonung für Gregors Leben bitten.

3. Kapitel

In dem 3. Kapitel wird die Verwandlung der Familie offensichtlich, jedes Familienmitglied geht nun einer Arbeit nach; zudem hat der Vater seine frühere Machtposition zurückerlangt, die Schwester entwickelt fast herrschsüchtige Eigenständigkeit.
Im Übrigen stehen die Verschlechterung von Gregors Zustand und sein langsamer Tod im Vordergrund.
Drang am Anfang der Erzählung die Außenwelt in Gestalt des Prokuristen in die Familie ein, so sind es nun drei merkwürdige Zimmerherren, die eine Zeit lang den Rhythmus des Familienlebens mitbestimmen.
Gregors Tod schließlich, der sich schon lange zuvor angekündigt hat, entlastet die Familie und entlässt sie in die „Wiederkehr der wirklichen und selbstverständlichen Verhältnisse“ (10/24f.).

Es bleibt ungeklärt, wie Gregor wieder in sein Zimmer gelangt ist. Offensichtlich nicht aus eigener Kraft, da er ohnmächtig vor der sich öffnenden Tür zu seinem Zimmer zusammenbricht. Sollte das geschehen sein, was er sich – nicht ohne ein Lächeln – anfangs vorgestellt hatte, dass ihn zwei starke Leute – vielleicht der Vater zusammen mit seiner Tochter – in das Zimmer getragen haben?

Das neue Familienleben

Als habe die schwere Verwundung, die er Gregor beigebracht hat, den Vater zur Besinnung gebracht und ihn daran erinnert, dass Gregor zur Familie gehört und dass man ihn daher dulden muss, wird abends die Tür von Gregors Zimmer zum Wohnzimmer geöffnet. Gregor, der durch die Verwundung geschwächt ist, kann so seine Familie beobachten und den abendlichen Unterhaltungen zuhören. Es sind jedoch nicht mehr die lebhaften Unterhaltungen, die man früher geführt hat, weil der Vater schon bald nach dem Abendessen einschläft, während die Mutter für ein Modegeschäft näht und die Schwester Stenografie und Französisch lernt, um sich beruflich zu verbessern. Obgleich der Vater täglich um sechs Uhr aufstehen muss und seinen Schlaf dringend benötigt, gelingt es den beiden Frauen erst weit nach zehn Uhr, ihn gemeinsam zum Aufstehen zu bewegen und ihn zum Schlafzimmer zu führen.

Die Verarmung der Familie

Gregor stellt fest, dass die Familie langsam in Armut gerät: Das Dienstmädchen muss entlassen werden, dafür wird eine Bedienstete für die gröbsten Arbeiten eingestellt; Teile des Familienschmucks müssen verkauft werden; und, obgleich jedes Familienmitglied sich bis zum Äußersten anstrengt, ist die Wohnung kaum noch zu bezahlen. Aber ein Umzug verbietet sich, weil man sich offensichtlich nicht auszudenken wagt, wie man mit dem riesigen Käfer umziehen könnte.
Gelegentlich zieht Gregor in Erwägung, wie früher wieder alle Angelegenheiten seiner Familie in die Hand zu nehmen, dabei überkommen ihn Erinnerungen an früher: an seinen Chef und seine Angestellten, an die zwei bis drei Freunde aus anderen Geschäften, an die flüchtige Beziehung zu einem Stubenmädchen in einem Hotel in der Provinz und die Kassiererin in einem Hutgeschäft, um die er ernsthaft, allerdings zu langsam geworben hat. Diese Erinnerungen vermischen sich mit längst Vergessenem, und Gregor ist froh, wenn diese Erinnerungen schwinden.

Gregors Ärger über die Lieblosigkeit der Familie

Dann werden die Gedanken an seine Familie und an früher abgelöst durch Wut über die schlechte Pflege und mangelhafte Fürsorge. Zwar weiß Gregor nicht, worauf er Appetit hat, doch in seiner Wut überlegt er, wie er zur Speisekammer vordringen könnte, um sich das zu nehmen, was ihm zusteht.

Nicht zuletzt durch das lieblose Verhalten der Schwester werden Gregors empörte Gedanken ausgelöst. Täglich zwei Mal schiebt sie irgendwelche Speisen mit ihrem Fuß in sein Zimmer und kehrt sie später, ob berührt oder nicht, mit einem Besen wieder hinaus. Abends räumt sie so hastig und oberflächlich sein Zimmer auf, dass Schmutz und Unrat liegen bleiben. Obgleich Grete also offensichtlich von ihrer Aufgabe überfordert ist, wacht sie unerbittlich darüber, dass kein anderer Gregors Zimmer aufräumt. Nachdem die Mutter einmal auf eigene Faust versucht hat, das Zimmer mit einigen Kübeln Wasser zu säubern, kommt es zu einer erbitterten Auseinandersetzung zwischen Grete und ihren Eltern.

Dabei ist Gregor überzeugt, dass diese Vernachlässigung keineswegs notwendig wäre, selbst wenn die Mutter die Betreuung Gregors nicht übernehmen sollte, weil die neue Bedienstete, eine robuste, zupackende, alte Witwe Gregor eher mit Überraschung als mit Abscheu begegnet. Man hätte ihr daher durchaus den Auftrag geben können, Gregors Zimmer sauber zu halten. Die Hausangestellte scheint Gregor sogar eine gewisse Aufmerksamkeit zukommen zu lassen und nennt ihn fast anerkennend einen alten Mistkäfer. Einem verärgerten, jedoch nur vorgetäuschten Angriff Gregors begegnet sie furchtlos, ruhig und gelassen mit einem Sessel in der Hand, zum Zuschlagen bereit.

Die drei Zimmerherren

Ein Zimmer der Wohnung ist aus finanziellen Gründen an drei ernsthafte, bärtige Zimmerherren untervermietet worden. Die Untermieter haben ihre eigenen Einrichtungsgegenstände mitgebracht, so dass viele Möbel aus dem Zimmer, das Grete vorher bewohnt hat, überflüssig sind und jetzt nach und nach in Gregors Zimmer abgestellt

werden. Auch andere entbehrliche Gegenstände werden in das Zimmer hineingeschleudert, so dass Gregor über das Gerümpel kriechen muss. Zeitweise tut er dies mit wachsendem Vergnügen, bleibt danach aber niedergeschlagen und völlig erschöpft stundenlang bewegungslos liegen.
Da die Untermieter gelegentlich im Wohnzimmer ihr Abendessen einnehmen, wird die Tür nicht mehr regelmäßig geöffnet. Nur einmal kann Gregor durch die zufällig offenstehende Tür die drei Zimmerherren bei der Abendmahlzeit beobachten. Sie haben ihre Plätze dort eingenommen, wo früher die Eltern und Gregor gesessen haben. Grete und ihre Mutter tragen das Essen auf und warten angespannt darauf, ob es demjenigen zusagt, der offensichtlich als Autorität von den anderen anerkannt wird und die Gerichte vorkostet. Schweigend nehmen die Zimmerherren das Essen ein, nur die Geräusche ihrer Zähne fallen Gregor auf, als wollten sie Gregor, dem zahnlosen Insekt beweisen, dass man Zähne benötige, um angemessen essen zu können.

Gretes Violinenspiel

An diesem Abend spielt Grete in der Küche, offensichtlich nach langer Zeit wieder einmal, Violine und die drei Zimmerherren bitten Grete, doch ins Wohnzimmer zu kommen und ihnen vorzuspielen.

Gregors letzter Ausbruch

Während die Zimmerherren rasch ihr Interesse verlieren, sich halblaut unterhalten und sogar ungeduldig und nervös werden, vergisst Gregor alle frühere Rücksicht und kriecht verdreckt, mit Speiseresten auf dem Rücken in das Wohnzimmer, um dem Violinenspiel zuhören und dem Blick seiner Schwester begegnen zu können. Ihm kommt es vor, als weise die Musik ihn auf eine lang herbeigewünschte Nahrung hin. Gregor malt sich in Gedanken aus, wie er nun gleich seine Schwester in sein Zimmer holen würde; und er stellt sich vor, dass sie freiwillig bei ihm bliebe und nur für ihn spiele. Nie wieder würde er sie aus dem Zimmer lassen, und alle, die sie holen wollten, würde er mit seiner

Schreckgestalt davon abhalten; er würde ihr sein geheimes Weihnachtsgeschenk verraten – er möchte sie auf das Konservatorium schicken – und ihr zärtlich den Hals küssen.
Diese Gedanken werden durch einen der Zimmerherren unterbrochen, der Gregor bemerkt hat und die anderen auf den Käfer aufmerksam macht. Der Vater versucht die Untermieter zurückzudrängen und mit seinem Körper den Anblick Gregors zu verdecken. Bevor der Vater die Zimmerherren in das Zimmer zurückdrängen kann, machen sie lautstark ihrem Unmut Luft und kündigen das Zimmer mit dem Hinweis auf die widerlichen Verhältnisse, die im Hause herrschen. Mit heftigem Türknallen verschwinden sie in ihrem Zimmer.

Das Todesurteil

Apathisch bleibt Gregor im Zimmer und muss nun unmittelbar erfahren, dass seine Schwester drastisch darauf dringt, dass man Gregor nicht mehr als Bruder ansehen dürfe. Sie besteht darauf, dass man den Käfer loswerden müsse. Wäre er nämlich ihr Bruder, so hätte er der Familie seine Existenz erspart und wäre von sich aus gegangen. Gregors Versuch, sich umzudrehen, erweckt in seiner Familie Erschrecken, das allgemeiner Ermattung weicht, als Gregor in sein Zimmer zurückkriecht. Nachdem er wieder in sein Zimmer gelangt ist, wird eilends die Tür hinter ihm verriegelt. Gregor spürt, wie ihn die Lebenskraft verlässt, kaum noch spürt er die Wunde, die durch den Apfel hervorgerufen ist, und gegen Morgen stirbt Gregor.
Am nächsten Morgen findet die Hausgehilfin den toten Gregor, verkündet dies der Familie und macht deutlich, dass der Käfer wirklich tot ist, indem sie ihn mit einem Besen ein Stück beiseite schiebt.

Die befreite Familie

Während die Familie sich in das Schlafzimmer zurückzieht, lüftet die Bedienstete Gregors Zimmer und zeigt den Zimmerherren, die aus ihrem Zimmer herauskommen und gereizt nach ihrem Frühstück fragen, den toten Käfer. In diesem Moment tritt die Familie aus dem

Schlafzimmer: Frau Samsa und ihre Tochter haben sich bei Herrn Samsa untergehakt, und Herr Samsa, der seine Dienerlivree trägt, verweist die drei Zimmerherren mit Entschiedenheit des Hauses. Nach anfänglicher Überraschung verlassen sie eilfertig die Wohnung und das Haus.
Die Familie beschließt, sich an diesem Tag Ruhe zu gönnen, und jedes Familienmitglied schreibt ein Entschuldigungsschreiben an den jeweiligen Arbeitgeber. Indessen erscheint die Hausangestellte, um mitzuteilen, dass sie für die Beseitigung Gregors gesorgt hat. Als sie langatmig die näheren Umstände erläutern will, unterbricht Herr Samsa sie unwirsch; verärgert verlässt sie unter Türenschlagen das Haus und Gregors Vater beschließt ihre Entlassung.
Gemeinsam verlässt die Familie zu einem Ausflug die Wohnung und fährt mit der Straßenbahn ins Grüne. Bei ihrer Unterhaltung stellt man fest, dass die berufliche Zukunft für jeden von ihnen durchaus eine positive Wendung zu nehmen scheint. Zugleich fasst die Familie ins Auge, die Wohnung zu wechseln. Man wünscht sich eine kleinere, praktischere, besser gelegene und preiswertere Wohnung. Erstaunt bemerken Herr und Frau Samsa, dass ihre Tochter sich in eine außergewöhnlich attraktive junge Dame verwandelt hat.

Die Personen

Die Familie

Nur auf den ersten Blick ist das Familienleben der Samsas harmonisch und intakt, denn der Leser folgt zunächst dem Blickwinkel Gregors. Sehr schnell jedoch wird offensichtlich, dass Gregor immer wieder Erklärungen für negative Verhaltensweisen der Familienmitglieder sucht, um seine Familie zu entschuldigen. Selbst das Todesurteil, das seine Schwester ausspricht, befürwortet Gregor uneingeschränkt.

Das Wunschbild

Kurz vor seinem Tod denkt Gregor „an seine Familie (...) mit Rührung und Liebe zurück". (59/8f.) Der verdreckte, vernachlässigte, ungeliebte Käfer vermag nach wie vor die Wirklichkeit, die ihn umgibt, nicht kritisch zu reflektieren. Die Illusion eines harmonischen Familienlebens hat er in sein Käferdasein hinübergerettet; es zu entlarven, würde sein ganzes Dasein bis zum Zeitpunkt der Verwandlung in Frage stellen.
Er entschuldigt den Betrug des Vaters, seine Aggressivität ihm gegenüber und die Vernachlässigung durch seine Familie; er bedauert seine Familie um die Arbeit, die sie nun zu leisten hat: „Der Vater holte den kleinen Bankbeamten das Frühstück, die Mutter opferte sich für die Wäsche fremder Leute, die Schwester lief nach dem Befehl der Kunden hinter dem Pulte hin und her." (46/47) Er bejaht schließlich entschieden das Urteil seiner Schwester, dass er endlich verschwinden müsse.
In gleicher Weise hat Gregor früher Verständnis dafür gezeigt, dass er der Einzige war, der für das Ein- und Auskommen der Familie gesorgt hat: Schließlich hatte die Mutter Asthma, der Schwester war Arbeit aufgrund ihres Alters nicht zumutbar, der Vater war zwar gesund, aber alt.

Die Wirklichkeit

Nur einmal kritisiert Gregor, dass ihm seine Arbeit von der Familie nicht in dem Maße gedankt worden sei, wie er es erwartet hätte. Anfänglich sei die Familie glücklich gewesen, dann habe man sich an das Geld gewöhnt, und auf Dauer habe sich „eine besondere Wärme (...) nicht mehr ergeben". (30/34f.)
Offensichtlich gab es eine Zeit, in der das Familienleben abends geprägt war von „lebhaften Unterhaltungen" (44/31), die dann in der Zeit, in der Gregor seinem Beruf nachging, durch das Zeitungsvorlesen des Vaters abgelöst worden ist. Zwar erfährt der Leser wenig von dem Familienleben in den vergangenen Wochen und Monaten vor der Verwandlung, doch einige Beobachtungen erlauben Rückschlüsse auf die Lieblosigkeit und die Kälte in dem Zusammenleben. Nur wenige Tage ist Gregor zu Hause, um von hier aus seine Geschäfte als Vertreter zu erledigen, und an den Abenden sitzt er offensichtlich alleine in seinem Zimmer schneidet ein Bild aus einer Zeitschrift aus, sägt einen kleinen Rahmen aus Holz aus. Fast ärgerlich äußert die Mutter, dass Gregor nie ausgeht, doch von gemeinsamen Gesprächen oder von anderen Gemeinsamkeiten in dieser Zeit ist nicht die Rede.
Sogar noch inmitten der Familie scheint Gregor isoliert, wenn er von seiner anstrengenden Arbeit nach Hause kommt. Der Vater empfängt seinen Sohn bei der Heimkehr „im Schlafrock im Lehnstuhl" (42/7) und wirkt so schwach, dass er nur die Arme zu heben vermag, obgleich er durchaus nicht krank ist . Die Mutter liegt jeden zweiten Tag mit ihrem Asthma auf dem Sofa, die Schwester lebt in den Tag hinein, kleidet sich nett und spielt vor allem Violine; Gregor aber liest am Tisch still die Zeitung oder studiert die Fahrpläne für die nächsten Tage. Dieses kühle Nebeneinander begründet die Mutter damit, dass Gregor „ja nichts im Kopf (habe) als das Geschäft." (13/2) Der Leser aber weiß, wie sehr Gregor eigentlich seinen Beruf verabscheut.
Die familiäre Situation spiegelt sich nicht zuletzt auch in der Lage von Gregors Zimmer wider.

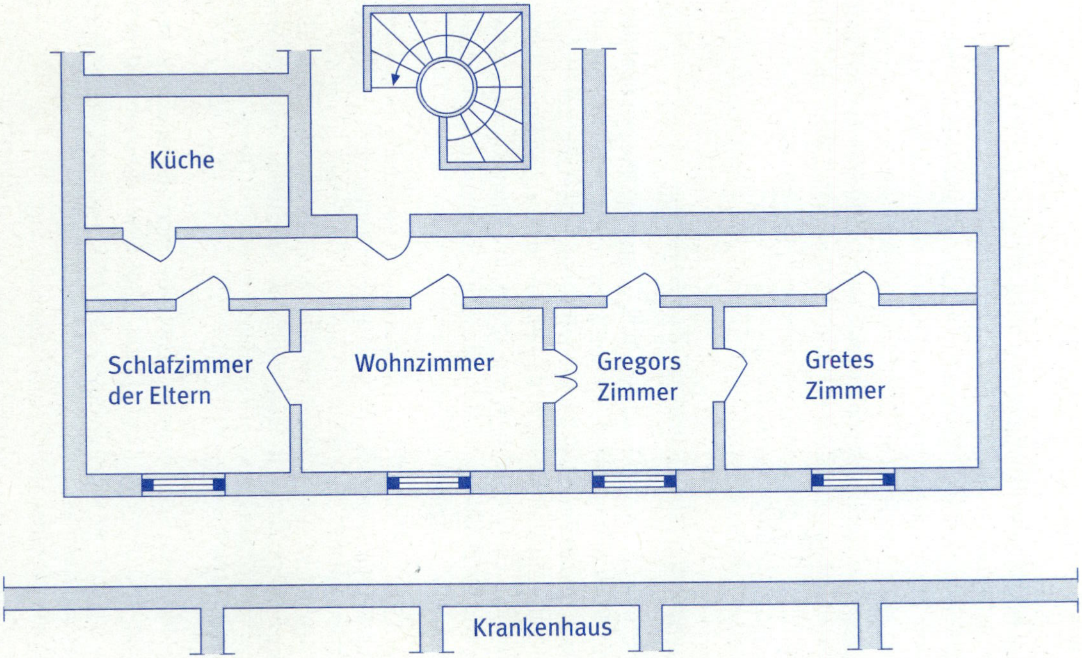
Küche
Schlafzimmer der Eltern
Wohnzimmer
Gregors Zimmer
Gretes Zimmer
Krankenhaus

Gregor

Der Handlungsreisende Gregor Samsa begegnet uns nach seiner Verwandlung als ungeheures Ungeziefer, das bei allen Betrachtern Schrecken und Panik verursacht; doch seine Gedanken und seine Erinnerungen sind im Gegensatz zu seinem Äußeren lange Zeit sehr menschlich: Er beklagt die Rastlosigkeit des Handlungsreisenden, er denkt an seine Verpflichtungen innerhalb der Familie, er sorgt sich um die Zukunft der Familie. Allmählich aber verlieren sich die menschlichen Gewohnheiten und die animalischen Züge treten in den Vordergrund.

Die ungeliebte Arbeit – Die Last des Reisenden

Unmittelbar nach dem Erwachen fällt Gregor die Musterkollektion ins Auge, die er offensichtlich am Abend zuvor auf dem Tisch ausgebreitet hat. Und während er vergeblich versucht, seinen Käferkörper in eine andere Schlafhaltung zu drehen, verflucht er den Beruf, den er ergriffen hat. Es entsteht hier, wie später, der Eindruck, dass Verwandlung und Beruf in dieser ersten Phase der Erzählung in heimlicher Korrespondenz stehen:

> „Ach Gott, (...) was für einen anstrengenden Beruf habe ich gewählt! Tag aus, Tag ein auf der Reise. Die geschäftlichen Aufregungen sind viel größer, als im eigentlichen Geschäft zu Hause, und außerdem ist mir noch diese Plage des Reisens auferlegt, die Sorgen um die Zuganschlüsse, das unregelmäßige, schlechte Essen, ein immer wechselnder, nie andauernder, nie herzlich werdender menschlicher Verkehr. Der Teufel soll das alles holen!“ (6/ 4f.)

Schon der erste Satz belegt einerseits die Perspektive, aus der heraus die Geschichte weitgehend erzählt wird: Es ist die Perspektive Gregors, zugleich wird deutlich, dass Gregors Aussagen nur bedingt zu trauen ist, denn schließlich hat er diesen Beruf nur gewählt, weil er damit die Schulden der Eltern abarbeiten kann.

Er beklagt den mangelnden Schlaf sowie das frühe Aufstehen. Für einen Augenblick blitzt in ihm der Gedanke auf, dass ihm die Entlassung aus seinem Beruf möglicherweise sehr gut bekommen würde, ja, er spinnt den Gedanken sogar weiter aus und stellt sich vor, wie er von sich aus kündigen würde.

> „Wenn ich mich nicht wegen meiner Eltern zurückhielte, ich hätte längst gekündigt, ich wäre vor den Chef hin getreten und hätte ihm meine Meinung von Grund des Herzens aus gesagt. Vom Pult hätte er fallen müssen!" (6/27f.)

Und er erinnert sich weiter daran, dass er den Beruf des Reisenden notgedrungen auf sich genommen hat, weil er „die Schuld der Eltern an ihn (seinen Chef) abzuzahlen" (6/36) hat, und weil er verhindern wollte, dass sein Chef seine Eltern „mit den alten Forderungen wieder verfolgen würde". (13/33f.)
Fast komisch wirkt der Konjunktiv irrealis in Gregors Fantasievorstellung von einer Kündigung. Der Käfer überlegt sich allen Ernstes, wie seine Kündigung aussehen könnte; dabei ist doch nach seiner Verwandlung zu einem Käfer eine derartige Kündigung hinfällig geworden. Der Körper hat sozusagen die Kündigung übernommen, nur Gregor verdrängt seinen Zustand, denn er stellt Überlegungen an, welche Reaktionen sein Nichterscheinen im Geschäft auslösen wird.

Die Macht des Chefs

Diese Überlegungen zeigen einerseits, welchen Repressionen Gregor bisher ausgesetzt war, zugleich werfen sie ein bezeichnendes Bild auf das Abhängigkeitsverhältnis der Angestellten von dem Arbeitgeber. Sie unterstreichen die Gründe Gregors, den Beruf zu verfluchen: Ein Geschäftsdiener überwacht die pünktliche Ankunft Gregors am Bahnhof. Krankmeldungen werden unverzüglich durch den Chef selbst und den Krankenkassenarzt vor Ort überprüft, wobei es für den Arzt nur „ganz gesunde, aber arbeitsscheue Menschen gibt". (7/8f.) Ein verspätetes Erscheinen Gregors im Geschäft würde das Eintreffen eines Angestellten bewirken. Innerhalb von nur wenigen Minuten würden

also Kontrollmechanismen einsetzen, die begründet sind im absoluten Misstrauen der Geschäftsleitung gegenüber den Angestellten.
Der Geschäftsdiener wird von Gregor als „eine Kreatur des Chefs, ohne Rückgrat und Verstand" (7/20f.) bezeichnet. Damit verweist er auf Gregor selbst, der aus Widerstand gegen den Chef die Gestalt eines Käfers angenommen zu haben scheint.
Als, wie erwartet, ein Vertreter des Geschäfts erscheint, heuchelt dieser im Gespräch mit der Mutter zunächst Anteilnahme an Gregor, um diese sofort mit der Vermutung zu verbinden, dass Gregor wohl eine leichte Erkrankung nur zum Fehlen ausnutze. Zudem deutet er an, dass Gregors Chef ihn verdächtige, Geld unterschlagen zu haben.
Ohne die Ursachen für Gregors Versäumnis zu kennen, werden Unterstellungen, Beschuldigungen und Drohungen ausgesprochen, die beweisen, dass der Einzelne in dem ökonomischen Prozess keinerlei Rechte, keinen Schutz und keinen Anspruch auf menschenwürdige Behandlung hat; der Angestellte hat im Arbeitsprozess zu funktionieren. Diese Form der Entwürdigung korrespondiert mit Gregors Reaktion, der Verwandlung.
Gregor ist jedoch nicht in der Lage, angemessen auf den Prokuristen zu reagieren, die autoritäre Unterdrückung über die letzten Jahre hat deutliche Spuren hinterlassen. Er versucht sich zu entschuldigen, doch die Entschuldigungen wirken grotesk, weil keiner seine Tierstimme versteht. Zudem wendet er sich beschwörend an den Prokuristen und versucht diesen in einem beinahe endlosen Monolog für sich zu gewinnen. Dieser gipfelt in der flehentlichen Bitte, der Prokuristen möge sich für ihn einsetzen, da er die Verhältnisse kenne, sogar besser als der Chef. Unterwürfig – wie die zuvor von ihm kritisierte Kreatur des Chefs – lügt er, um seinen Arbeitsplatz nicht einzubüßen.
Mit dieser langen, monologischen Ansprache beendet Gregor seine Kommunikation mit seiner Umwelt, fortan bleibt er stumm. Allerdings ist Gregors Antwort auf die Vorwürfe des Prokuristen nur für den Leser verständlich, denn alle anderen verstehen seine Tierstimme nicht mehr. Zum letzten Mal hat Gregor sich als angepasster, heuchlerischer, angstvoller Untertan geäußert, der nur in Gedanken die Rebellion wagt.

Gregors innere Verwandlung – Die Befreiung von der Verantwortung

Bis zu diesem Zeitpunkt hat Gregor die Verwandlung nicht recht wahr haben wollen. Mit erstaunlicher Gelassenheit hat er zwar die Veränderungen seines Körpers festgestellt und versucht seinen Körper zu beherrschen, doch für die körperlichen Veränderungen hat er immer neue Erklärungsversuche herangezogen. Die veränderte Stimme schiebt er auf eine Erkältung, die Steifheit seines Körpers auf ungeschicktes Liegen.

Aus seinem Denken heraus folgerichtig, beschließt er, seinen Eltern und dem Prokuristen die Entscheidung über seinen Zustand und damit auch über seine Zukunft zu überlassen:

> „Würden sie erschrecken, dann hatte Gregor keine Verantwortung mehr und konnte ruhig sein. Würden sie aber alles ruhig hinnehmen, dann hatte er auch keinen Grund sich aufzuregen, und konnte, wenn er sich beeilte, um acht Uhr tatsächlich auf dem Bahnhof sein.“ (15/ 29f.)

Nachdem er die Tür geöffnet hat, versucht Gregor Haltung zu bewahren. Aufrecht stehend, an einen Türflügel gelehnt, mit seitlich geneigtem Kopf sucht er den Prokuristen von seinem Arbeitswillen zu überzeugen – ein groteskes, fast komisches Bild eines Käfers, der ein Mensch zu sein vorgibt, (dazu das Gegenbild des Leutnants in Uniform).

Die Reaktion seiner Umwelt müsste ihm eigentlich beweisen, dass er nun keinerlei Verantwortung mehr zu übernehmen braucht, dennoch versucht Gregor noch einmal, den Prokuristen zurückzuhalten. Dieser „mußte gehalten, beruhigt, überzeugt und schließlich gewonnen werden; die Zukunft Gregors und seiner Familie hing doch davon ab!“ (20/31f.) Um dem Prokuristen folgen zu können, lässt Gregor sich fallen und „zum erstenmal an diesem Morgen (fühlte er) ein körperliches Wohlbehagen; die Beinchen hatten festen Boden unter sich; sie gehorchten vollkommen, wie er zu seiner Freude merkte“. (21/12f.) Zwar ist es keineswegs die erhoffte „endgültige Besserung alles Leidens“ (21/16), doch von nun an wird Gregor sich in seinen Körper einfügen, und er wird allmählich im Denken und Handeln zum Käfer.

Gregors Eltern werten – verständlicherweise aus ihrer Beobachtungsperspektive heraus – das Verhalten des Käfers als Angriff, den der Vater vehement abwehrt, indem er das Ungeheuer in Gregors Zimmer zurücktreibt und die Tür zuschlägt.

Die Stufen der Verwandlung – Die neue Existenz als Käfer

Nun bewahrheitet sich, was Gregor kurz zuvor dem Prokuristen noch wehleidig vorgetragen hat: Der Reisende bekommt, „wenn er erschöpft eine Reise beendet hat, zu Hause die schlimmen, auf ihre Ursachen hin nicht mehr zu durchschauenden Folgen am eigenen Leib zu spüren."(20/2f.) Gregor, den soeben die Eltern und der Prokurist als Käfer gesehen haben, ist in seinem Zimmer eingesperrt, die Türen sind von außen verschlossen, er ist verletzt und noch ungeübt im Gebrauch seines Körpers, einsam wird er von nun an dahinvegetieren.
Von diesem Moment an ist Gregor nicht mehr für sich verantwortlich, er wird versorgt. Seine Schwester bringt ihm zunächst, als sei es noch ihr menschlicher Bruder, Milch. „Er folgt dem Geruch der Milch, und während sein Menschengeist sich schon auf das süße Getränk freut, in dem kleine Schnitten von Weißbrot schwimmen, weigern sich sein Käfermagen und sein Käfergeschmack angesichts einer solchen Säugetiermahlzeit." (Nabokov, S. 99) Erst das vergammelte Essen, das die Schwester ihm danach bringt, erregt seinen Appetit, wie ein Tier schleppt er es gierig in eine Ecke und verschlingt es.
Gregor ist nun auch in seinem Verhalten zum Käfer geworden.
Was ihm vom Prokuristen – sozusagen als böswillige Unterstellung – vorgeworfen wurde, dass er seine Aufgaben nicht hinreichend erfüllt, zu wenig Verantwortung für seinen Beruf empfunden und zu wenig Aufträge eingebracht habe, erfüllt Gregor jetzt als Käfer. Weder wird er reisen noch verkaufen, Verhandlungen führen oder Verträge heimbringen; vielmehr hat er seine Sprache verloren, er wird keinerlei Verantwortung übernehmen, sondern nur noch schwerfällig im Zimmer herumkriechen. Der erfolglose Handlungsreisende ist zum nutzlosen Käfer geworden.

Immer deutlicher werden die Zeichen der Verwandlung zum Tier, das menschliche Sehvermögen nimmt ab, er zerstreut sich, indem er an den Wänden und an der Decke herumkriecht, er lässt sich von der Decke herabfallen.

Widerspruch von Gefühlen und Gestalt

Lange Zeit behält Gregor – im Gegensatz zu seiner tierischen Gestalt und seinem tierischen Verhalten – wichtige menschliche Empfindungen. So bleiben vorerst Wesenszüge, wohl auch seines früheren Lebens, erhalten: Einfühlungsvermögen in die Gefühle anderer und Rücksichtnahme als Folge seiner Scham. Der Käfer schämt sich seiner Gestalt, er will seine Mutter und seine Schwester vor seinem Anblick verschonen, daher versteckt er sich und eilt „nicht ohne eine leichte Scham (...) unter das Kanapee". (26/3f.) Später zieht er unter großer Mühe ein Leintuch, das auch sprachlich eher an ein Leichentuch erinnert, über sich, um seiner Schwester den „Anblick (auch nur der kleinsten Partie seines Körpers) zu ersparen". (34/16) Denn schon recht bald nach seiner Verwandlung ist er überzeugt, seiner Familie zunächst am besten damit zu dienen, „durch Geduld und größte Rücksichtnahme (...) die Unannehmlichkeiten erträglich" zu machen, „die er ihr in seinem gegenwärtigen Zustand nun einmal zu verursachen gezwungen war." (26/13f.)
Als jedoch sein Zimmer ausgeräumt wird, vergisst Gregor jede Zurückhaltung, er reagiert völlig instinktiv: bricht hervor, verlässt sein Versteck und kriecht verstört im Zimmer herum, um dann schließlich das Bild mit der Frau im Pelz mit seinem Körper zu schützen.

Die Wandlung des Denkens

Dieser Vorfall markiert auch die Grenze des Widerspruchs von tierischer Gestalt und menschlichem Empfinden und Denken. Als habe die schwere Verletzung durch den Vater Gregor verdeutlicht, dass er aus der familiären Gemeinschaft ausgeschlossen ist, scheint er von nun an seine tierische Existenz zu akzeptieren. Er versteckt sich nun nicht mehr vor seiner Schwester, sondern stellt sich vielmehr vorwurfsvoll

an besonders schmutzige Stellen, um seine Schwester an ihre Verpflichtung zu erinnern. Die schlechte Versorgung versetzt ihn zusehends in Wut, und er überlegt sich, die Speisekammer zu stürmen, um sich etwas zu holen.
Doch schließlich ist es die Musik, die seine Schwester macht, die ihm einen völlig neuen Horizont erschließt. Er ist durch die Musik so angerührt, dass sie ihn wie hypnotisiert ins Zimmer zieht und er vorhat seine Schwester zu sich in sein Zimmer zu holen, um ihrem Geigenspiel zuzuhören. Gregor stellt sich selbst die überraschende Frage nach dieser neuen Einstellung zur Musik. Während er früher – im Gegensatz zu Grete – sich aus Musik nichts machte, so fragt er sich nun: „War er ein Tier, da ihn Musik so ergriff?" (53/23f.) Die Musik erschließt dem Tier eine neue Quelle der geistigen Nahrung, eine neue Dimension seiner Existenz.
Als Gregor in sein Zimmer zurückgekrochen ist, scheint er seiner Erlösung nahe. Die Schmerzen lassen nach, bewegungsunfähig, in einem Zustand „leeren und friedlichen Nachdenkens" (59/11) denkt er noch einmal „mit Rührung und Liebe" (59/8) an seine Familie, und in der 3. Morgenstunde haucht Gregor wie ein Tier sein Leben „aus seinen Nüstern (...) schwach" (59/15f.) aus.

Der Vater

Während Gregor seinem anstrengenden Beruf nachgeht, um die Schulden des Vaters abzuzahlen, scheint dieser zunächst zu schwach zu sein, Gregor in irgendeiner Form zu unterstützen. Seine Tage verbringt er mit Zeitungslektüre und widmet sich stundenlang seinem Frühstück. Doch Gregors Verwandlung bringt auch eine Verwandlung des Vaters mit sich. Mit überraschender Kraft verfolgt er Gregor, der in das Wohnzimmer eingedrungen ist, nimmt eine Anstellung als Diener eines Bankinstituts an und weist schließlich energisch die Untermieter aus dem Haus. Der kränkliche alte Mann hat seine Rolle als Oberhaupt der Familie zurückgewonnen.

Der schwache, kränkliche Vater

Schon der erste Auftritt des Vaters wirft ein bezeichnendes Licht auf das Verhältnis zu seinem Sohn: „Schwach, aber mit der Faust" (8/18) klopft der Vater an die Seitentür. Die (scheinbare) körperliche Schwäche steht im Gegensatz zur aggressiven Geste der geballten Faust, mit der der Vater Gregor an seine Pflichten erinnert.
Nach dem Zusammenbruch seines Geschäftes hat sich der Vater völlig aus dem Erwerbsleben zurückgezogen, er ist alt, er wirkt schwach und hat „in diesen fünf Jahren, welche die ersten Ferien seines mühevollen und doch erfolglosen Lebens waren, viel Fett angesetzt und (ist) (...) dadurch recht schwerfällig geworden." (32/14f.) Später wird sich zeigen, dass er keineswegs krank ist, sondern durchaus noch arbeiten kann.

Der aggressive Vater

Schon die erste Verfolgungsjagd des Vaters beweist, dass er durchaus energisch, zupackend und kräftig ist. In der Rechten hält er drohend den Stock des Prokuristen, in der Linken eine große Zeitung. Er versucht, den Käfer in sein Zimmer zurückzudrängen; dabei stößt er „Zischlaute aus, wie ein Wilder" (22/25), stampft mit den Füßen, und Gregor fürchtet jeden Augenblick tödliche Schläge auf den Kopf oder auf den Rücken. Für Gregor klingt es in diesem Augenblick, als sei es „gar nicht mehr wie die Stimme bloß eines einzigen Vaters". (23/20f.) Schließlich gibt ihm der Vater, der bis dahin kaum fähig schien, spazieren zu gehen, sondern häufig müde in seinem Bett lag, „von hinten einen jetzt wahrhaftig erlösenden starken Stoß" (23/29f.), so dass Gregor weit in sein Zimmer hinein fliegt.
Noch aggressiver wirkt der Vater in der zweiten Verfolgungsjagd, die mit den verletzenden Apfelwürfen endet. Schon zu Beginn der Verfolgung fragt sich Gregor überrascht: „War das noch der Vater?" (42/4) Jener kränkliche, schwache, physisch unbewegliche Vater? In dem Vater scheinen sich für Gregor Grundprinzipien der strafenden, rächenden Autorität zu verkörpern.

Der Betrug des Vaters

Doch der Vater hat seinem Sohn nicht nur seine Hinfälligkeit und seinen körperlichen Verfall vorgespielt, er hat ihn auch im Hinblick auf die laufenden Geschäfte getäuscht, denn er hat Gregor um Teile seines Verdienstes betrogen: Nach dem Zusammenbruch seines Geschäfts hat der Vater, ohne dass Gregor dies ahnt, Geld zurückgehalten, und zudem hat er monatlich von Gregors Verdienst Geld abgezweigt und dies gespart. Ohne diesen Betrug wäre es Gregor möglich gewesen, sehr viel früher die Schulden des Vaters zu begleichen.

Es zeigt sich also, dass Gregor nur scheinbar die ökonomische Seite der Vaterrolle übernommen hat. Die Verfügungsgewalt über das Geld hat sich der Vater, ohne dass Gregor dies vermutet, vorbehalten. Gregor hat ihm dies dadurch erleichtert, dass er das gesamte Geld abgegeben und es nicht selbst verwaltet hat. Erst nach der Verwandlung zeigt sich, dass der Vater seine Dominanz und seine Macht nie aus der Hand gegeben hat, weil Gregor offenbar unterschwellig nach wie vor die Autorität des Vaters akzeptiert.

Die Rückkehr des Familienoberhauptes

Auch innerhalb der Familie übernimmt der Vater wieder die Rolle des Familienoberhauptes, nachdem Gregor zu einem nutzlosen Parasiten der Familie geworden ist. Hatte der Vater sich bisher wie ein Parasit verhalten und wurde dabei durchaus von Gregor in Schutz genommen und entschuldigt, wobei man gelegentlich den Eindruck gewinnt, dass Gregor seinen Vater infantilisiert, so ist der Vater nun allerdings nicht bereit, den Käfer, den neuen Parasiten in der Familie, in seinem direkten Lebensumfeld zu dulden. Drohend ballt er die Faust, als er Gregor das erste Mal vor sich sieht, verfolgt ihn später wie ein Rächer, um ihn brutal aus dem Wohnzimmer zu vertreiben und ihn dabei zwei Mal schwer zu verletzen.

Zugleich ist es der Vater, der Gregor nach der ersten Verfolgung in sein Zimmer verbannt. Mit demselben Stock, mit dem er den Käfer in das Zimmer gestoßen hat, schlägt er die Tür hinter ihm zu und demonstriert damit die Trennung. Die Tür wird zur Grenze zwischen der Welt Gregors und der der Familie, aus der er immer deutlicher ausgeschlossen wird.

Die Nachsicht des Vaters

Nachdem die Zimmerherren das Zimmer verlassen haben, muss Gregor, der zu erschöpft ist, wieder in sein Zimmer zurückzukriechen, mit anhören, wie das Urteil über ihn gesprochen wird, so als solle er – sozusagen als Angeklagter – an der Verurteilung zum Tode teilnehmen. Der Familienrat befindet über sein Schicksal, und zum letzten Mal ist die Familie noch einmal „vereint".

Dieses Mal ist es nicht der Vater, der zur radikalen Lösung tendiert; vielmehr äußert er resigniert: „Wenn er uns verstünde, (...) dann wäre vielleicht ein Übereinkommen mit ihm möglich. Aber so – ". (57/6f.)

Gerade der Vater, der offensichtlich über wichtige Dinge mit seinem Sohn kein Wort gewechselt hat, bedauert, dass eine Kommunikation nicht möglich ist.

Auffällig ist, dass der Vater in diesem dritten Teil gegenüber Gregor wesentlich einfühlsamer und verständnisvoller reagiert als Grete; wenn er das Pronomen „er" verwendet, so scheint er doch stärker als die anderen an die Identität Gregors zu glauben.

Nach Gregors Tod tritt der Vater den Zimmerherren noch einmal respektheischend in seiner Livree entgegen, kündigt ihnen und weist sie umgehend aus dem Haus.

Die Mutter

Ähnlich wie Gregors Vater wirkt auch die Mutter zu Beginn der Erzählung hinfällig und kränklich. Im Laufe der Erzählung jedoch gewinnt auch sie neue Energie. Bis zum Tod Gregors ist Frau Samsa letztlich die Einzige, die in dem Käfer noch immer ihren Sohn sieht, doch sie lässt sich in ihrer Handlungsweise weitgehend von ihrem Mann und ihrer Tochter bestimmen. Zwar ist sie stets um Ausgleich bemüht, doch akzeptiert sie das Ausräumen

des Zimmers und nimmt auch Gregors Tod als gegeben hin.
Am Ende der Erzählung, nach Gregors Tod hat sie ihre Rolle als fürsorgliche Mutter und nachgiebige Ehefrau zurückgewonnen. Angesichts ihrer aufblühenden Tochter scheinen Ohnmachten und atemloses Entsetzen vergessen.

Die verständnisvolle Mutter

Die Mutter ist die erste in der Familie, die Gregors Versäumnis, früh aufzustehen, bemerkt, vorsichtig an die Tür klopft und mit sanfter Stimme an die Uhrzeit erinnert. Gregors Antwort beruhigt sie sofort und sie entfernt sich, ihr Mann hingegen wird kurze Zeit später vorwurfsvoll durch die geschlossene Tür fragen, was denn mit Gregor sei. Ähnlich unterschiedlich reagieren Vater und Mutter, als der Prokurist erscheint. Tadelnd fordert der Vater Gregor auf, den Prokuristen unverzüglich in das Zimmer zu lassen, die Mutter hingegen versucht, den Prokuristen wortreich zu beschwichtigen, indem sie auf Gregors Zuverlässigkeit und seine Einsatzbereitschaft hinweist und seine harmlosen Abendbeschäftigungen wie die Laubsägearbeiten erwähnt.

Die Ohnmachten und Krankheiten

Als die Mutter Gregor zum ersten Mal sieht, schaut sie hilfesuchend mit gefalteten Händen zu ihrem Mann hin, um dann inmitten ihrer Röcke ohnmächtig zusammenzusinken. Ihre Ohnmacht enthebt sie jeglicher Entscheidung und ermöglicht ihr die Flucht aus der grässlichen Wirklichkeit. Ihre Ohnmacht spiegelt aber auch ihre Machtlosigkeit innerhalb der Familie wider. Bei dem nächsten Zusammentreffen mit Gregor flüchtet sie sich hilflos in die Arme ihres Mannes. In kritischen Augenblicken ist sie – und macht sie sich – ganz von anderen abhängig. Es gelingt der Mutter nicht, ihre Vorstellungen zu verwirklichen und sich gegen ihren Mann und ihre Tochter durchzusetzen.
Zwar hat die Mutter vor, Gregor recht schnell zu besuchen, aber sie lässt sich zunächst mit „Vernunftgründen“, später „mit Gewalt“ (38)

zurückhalten, obgleich sie die einzige ist, die ausspricht, dass der Käfer ihr „unglücklicher Sohn“ (35/9f.) ist. Selbst als sie sich der Idee ihrer Tochter widersetzen will, Gregors Zimmer auszuräumen, gelingt es ihr nicht, Grete umzustimmen.

Der vergebliche Widerstand gegen die Tochter

Dabei ist sie auch hier die Einzige, die in dem Käfer ihren hilflosen Sohn sieht und voller Hoffnung auf ein gutes Ende wartet:

> „Und ist es nicht so, als ob wir durch die Entfernung der Möbel zeigen, daß wir jede Hoffnung auf Besserung aufgeben und ihn rücksichtslos sich selbst überlassen? Ich glaube, es wäre das beste, wir suchen das Zimmer genau in dem Zustand zu erhalten, in dem es früher war, damit Gregor, wenn er wieder zu uns zurückkommt, alles unverändert findet und umso leichter die Zwischenzeit vergessen kann.“ (37/ 8f.)

Doch der Einwand der Mutter ruft in Grete Widerspruch hervor, sie besteht nun sogar darauf, dass alle Möbel aus Gregors Zimmer geräumt werden. Als Gregor sein Versteck verlässt, um seinen Schreibtisch und schließlich das Bild der pelzbekleideten Dame an der Wand zu retten, erblickt ihn die Mutter, schreit mit „rauher“ Stimme auf und sinkt erneut ohnmächtig zusammen.
Wieder entflieht sie der Notwendigkeit, sich mit Gregor unmittelbar auseinanderzusetzen, ihn also in seinem Zustand zu akzeptieren oder ihn abzulehnen.
Die Mutter ist der Belastung immer weniger gewachsen, entzog sie sich anfangs der Wirklichkeit durch ihre Ohnmachten, so wird ihre Atemnot immer bedrängender, bis sie schließlich der „Verurteilung“ Gregors zum Tode nur noch atemlos folgen kann und hinter vorgehaltener Hand „mit einem irrsinnigen Ausdruck der Augen dumpf zu husten“ (56/17f.) beginnt. Damit ist sie auch in dieser Situation einer eigenen Meinungsäußerung und damit einer selbstständigen Entscheidung enthoben.

Die Schwester

Die Schwester, bis zur Verwandlung ein verwöhntes 17-jähriges Mädchen, das – von ein paar Handreichungen im Haushalt abgesehen – nicht zu arbeiten braucht, gewinnt im Laufe der Erzählung eine immer bedeutendere Rolle. Sie wird zur zweiten zentralen Hauptfigur der Erzählung, ist sie doch die Einzige, die regelmäßigen Kontakt zu Gregor hat und mit der Gregor sich in Gedanken immer wieder auseinander setzt.

Das verwöhnte Kind (Der kleine Parasit)

Die Schwester ist Gregor vor seiner Verwandlung als Einzige in der Familie „noch nahe geblieben" (30/36). Ihr nimmt er durchaus nicht übel, dass sie sich in der Familie fast parasitenhaft aufführt, im Gegensatz zu ihm lange schlafen darf, sich nett kleidet, sich kleinen Vergnügungen hingibt, vor allem aber Violine spielt. Während die Eltern sie „als ein etwas nutzloses Mädchen" (34/34) ansehen und sich häufig über sie ärgern, gönnt Gregor ihr im Gegensatz dazu diesen Lebensstil, denn in seinen Augen ist dieses 17-jährige Mädchen „noch ein Kind" (32/22). Das Leben dieser höheren Tochter steht demnach in krassem Kontrast zu dem 16-jährigen Dienstmädchen, das den ganzen Tag über in der Küche der Familie Samsa arbeiten muss. Auch äußerlich trägt Grete die Attribute kindlicher Kleidung, der Hals wird durch einen Kragen oder ein Band bedeckt.

Die Fürsorge der Schwester

Unmittelbar nach Gregors Verwandlung stellt sie zusammen mit der Mutter den Gegenpol zum Vater dar; besorgt um ihren Bruder, ist sie ihm fürsorglich zugetan, Während der Vater fast bedrohlich mit der Faust an die Tür schlägt, fragt die Schwester ängstlich und klagend, ob Gregor etwas brauche, ja sie beschwört ihren Bruder flüsternd, damit die Eltern nicht misstrauisch werden, die Tür zu öffnen. Grete eilt nach der Aufforderung durch die Mutter aus dem Haus, um einen

Arzt zu holen. Mit Bedauern konstatiert Gregor, dass seine Schwester nun im entscheidenden Moment nicht da ist, als er versucht, den Prokuristen für sich zu gewinnen, um die berufliche Zukunft zu sichern. Gregor ist sicher, dass es seiner Schwester gelungen wäre, dem Prokuristen seinen Schrecken auszureden, denn er hält sie für „klug“ (20/33) und sensibel, weil sie offenbar instinktiv den Schicksalsschlag seiner Verwandlung erfasst und schon „geweint (hat), als Gregor noch ruhig auf dem Rücken lag.“ (20/34f.) Vom Schluss aus betrachtet könnte allerdings Gretes Klagen und Weinen auch aus ihrer Sorge resultieren, dass sie schon zu diesem frühen Zeitpunkt mögliche Nachteile für sich ahnt.
Ihre Abwesenheit zum Zeitpunkt von Gregors erstem Ausbruch aus seinem Zimmer, erspart Grete den Schrecken der ersten unvorbereiteten Begegnung mit dem Käfer; sie kann von ihren Eltern auf die Verwandlung Gregors vorbereitet werden und sich in aller Ruhe mit der Schreckgestalt des Ungeheuers bekannt machen, denn während Gregor in „schweren ohnmachtsähnlichen Schlaf“ (24/3) gefallen ist, stellt sie einen Napf mit Gregors Lieblingsspeise – süße Milch mit Weißbrotschnitten – in sein Zimmer. Wenn sie den ungeheuren Käfer mit Gregors Lieblingsspeise versorgt, so hat sie offensichtlich sofort akzeptiert, dass sie ihren verwandelten Bruder vor sich hat. Dass er sie noch verstehen kann, daran allerdings glaubt sie zu keinem Zeitpunkt; dies zeigen ihre unpersönlichen Bemerkungen zu Gregors Appetit: „Heute hat es ihm aber geschmeckt.“ (29/3f.) Sie schenkt ihrem verwandelten Bruder keinen Blick, auf den dieser so sehnsüchtig wartet, und richtet kein einziges Wort an ihn.

Der Ekel vor dem Käfer

Obgleich Grete also Gregors neue Gestalt kennt, erschreckt sie bei ihrer nächsten Begegnung mit ihm, denn Gregor hat sich voller Rücksichtnahme unter dem Sofa versteckt. Grete entdeckt ihn erst nach überraschtem Suchen und dem Aufblitzen einer hoffnungsvollen Idee, der Käfer könnte weggeflogen sein. Fluchtartig verlässt sie das Zimmer, um jedoch sofort wieder zurückzukehren. Sie erkennt, dass der Käfer die Milch nicht angerührt hat, und bringt auf einer alten Zeitung ausgebreitet Essensreste, die aus dem Abfall zu stammen scheinen. Gleichzeitig stellt sie mit einer Art Endgültigkeit einen „wahrscheinlich ein für allemal für Gregor bestimmten Napf“ (27/37) mit Wasser hin. Während Gregor also wie ein Tier gefüttert wird und die Schwester sich davor ekelt, den Napf mit Milch mit ihren Händen anzufassen, und einen Lappen zu Hilfe nimmt, glaubt Gregor in den Handlungen seiner Schwester herzliche und rücksichtsvolle Wesenszüge zu erkennen.

Gretes Wandlung – die Sachverständige

Mit Gretes Verwandlung von der verwöhnten, untätigen Tochter zur Pflegerin von Gregor verändert sich auch ihre Stellung innerhalb der Familie, sie gewinnt erheblich an Ansehen und Einfluss.
Gretes Arbeit wird von der Familie völlig anerkannt, und sie entwickelt hierdurch so viel Selbstvertrauen, dass sie ihren Plan, Gregors Zimmer zusammen mit der Mutter auszuräumen, sogar gegen den Widerstand der Mutter durchsetzt. Grete duldet keinen Widerspruch, denn „sie hatte sich, allerdings nicht ganz unberechtigt, angewöhnt, bei Besprechung der Angelegenheiten Gregors als besonders Sachverständige gegenüber den Eltern aufzutreten, und so war auch jetzt der Rat der Mutter (...) Grund genug, auf (...) der Entfernung sämtlicher Möbel, mit Ausnahme des unentbehrlichen Kanapees, zu bestehen.“ (37/35f.) Grete scheint aus einer Mischung von kindlichem Trotz, pubertärem Gebaren und verständnisvollem Eingehen auf Gregors Kriechbedürfnisse zu handeln; tatsächlich aber verwandelt sie Gregors „richtiges, nur etwas zu kleines Menschenzimmer, (...) zwischen den vier wohlbekannten Wänden“ (5/13f.) in ein kaltes, erinnerungsloses, leeres Zimmer, in das „wohl kein Mensch außer Grete jemals einzutreten sich getrauen“ (38/19f.) würde. Damit aber hat die Vernichtung von Gregors menschlicher Vergangenheit und Existenz eine neue Dimension erreicht.

Die Abwendung vom Bruder

In diesem Augenblick, zum ersten Mal, lehnt sich Gregor gegen das Geschehen auf: Er „bricht hervor", als die beiden Frauen seinen Schreibtisch heraustragen, kriecht eilig die Wand hoch, an der sein Bild hängt, und schützt dieses Bild mit seinem Körper. Kampfbereit blickt er Grete an. Zum ersten Mal seit seiner Verwandlung „kreuzten sich ihre Blicke mit denen Gregors" (40/3), und zum ersten Mal spricht Grete ihren Bruder unmittelbar an. Mit eindringlichen Blicken und – wie zuvor ihr Vater – ihn mit erhobener Faust einschüchternd, signalisiert sie ihre Kraft, ihren Mut und ihr neu gewonnenes Selbstbewusstsein. Drohend ruft sie aus: „Du, Gregor!" Zwar verwendet Grete den Namen ihres Bruders noch einmal, als sie dem heimkehrenden Vater mitteilt: „Gregor ist ausgebrochen" (41/17), doch macht sie zugleich deutlich, dass sie Gregor als Tier betrachtet, das gefangengehalten werden muss.
Hatte bisher Gretes Arbeit vor allem in der Pflege Gregors bestanden, so hat sie nun eine Stellung als Verkäuferin angenommen, lernt abends Stenografie und Französisch, um „später einmal einen besseren Posten zu erreichen" (45/5f.), was ihr auch offenkundig am Schluss der Erzählung gelingt.
Ihre Sorge um Gregor ist der Sorge um ihren Vater gewichen, den sie spät abends zusammen mit ihrer Mutter zum Schlafengehen zu bewegen sucht. Zwar wacht Grete nach wie vor entschlossen darüber, dass nur sie Gregor versorgt, doch wird ihre Behandlung immer liebloser. Für Grete ist Gregor nur noch ein lästiger, widerlicher Käfer, dem sie, ohne nachzudenken, worauf er Appetit haben könnte, morgens und mittags irgendwelche beliebigen Speisen in sein Zimmer hineinschiebt, die sie abends beim raschen Aufräumen wieder hinauskehrt.

Das Todesurteil

Konsequent reagiert Grete auf Gregors dritten Ausbruch: „Wir müssen es loszuwerden suchen." (56/26) Und begründet dies: „Wenn man schon so schwer arbeiten muß, wie wir alle, kann man nicht noch zu Hause diese ewige Quälerei ertragen." (56/29f.)

Das Argument für die Vernichtung des Käfers beweist, dass Grete ihre eigene Logik dafür entwickelt hat, warum der Käfer nicht ihr Bruder sein könne:

> „Weg muß es, (...) das ist das einzige Mittel, Vater. Du mußt bloß den Gedanken loszuwerden suchen, daß es Gregor ist. Dass wir es solange geglaubt haben, das ist ja unser eigentliches Unglück. Aber wie kann es denn Gregor sein? Wenn es Gregor wäre, er hätte längst eingesehen, dass ein Zusammenleben von Menschen mit einem solchen Tier nicht möglich ist, und wäre freiwillig fortgegangen. Wir hätten dann keinen Bruder, aber könnten weiter leben und sein Andenken in Ehren halten. So aber verfolgt uns dieses Tier, vertreibt die Zimmerherren, will offenbar die ganze Wohnung einnehmen und uns auf der Gasse übernachten lassen." (57/ 11f.)

So wie Grete Gregors Todesurteil ausgesprochen und begründet hat, so sperrt sie ihn in seinem unentrinnbaren Gewahrsam ein: Nachdem es Gregor gelungen ist, sein Zimmer wieder zu erreichen, ist es Grete, die darauf gewartet hat, ihn einzusperren, die „leichtfüßig (...) vorwärtsgesprungen" (58/30) ist und die sein Zimmer eiligst „festgeriegelt und versperrt" (58/26) hat.
Nach Gregors Tod zeigt die Familie ihre wiedergewonnene Freiheit und Gregors Schwester findet in ihrer jugendlichen Schönheit jene Bewunderung und Anerkennung der Eltern, die Gregor nie zuteil geworden ist. Und die Eltern denken daran , „einen braven Mann für sie zu suchen". (63/33)

Der Prokurist

Der Prokurist gehört wie die drei Zimmerherren und das Dienstpersonal zu den Nebenfiguren. Sie alle spiegeln die Reaktionen der nicht unmittelbar Betroffenen auf Gregors Verwandlung. Während die Familie die bürgerliche Fassade zu wahren sucht, sind diese Nebenfiguren völlig frei von familiären Verbindungen. Zudem repräsentieren und symbolisieren sie die Außenwelt mit ihren Forderungen und Ansprüchen.

Der Prokurist als Abgesandter der Macht

Ungefragt ist der Sendbote der Macht in die Wohnung eingedrungen, und wie selbstverständlich wird ihm das Recht zugesprochen, den Ton anzugeben.
Schon bei seinem ersten Auftreten in der Familie Samsa wird der Prokurist als Autorität akzeptiert: Mit knarrenden Lackstiefeln demonstriert er seine Position. Er ist der Abgesandte der Macht, und die unverzügliche Kontrolle des Fehlverhaltens von Gregor ist Ausdruck dieser Macht. Entsprechend erzeugt das Auftreten des Prokuristen sofort bei allen das Gefühl von Schuld, denn natürlich kennen alle seine Position. Er ist der unmittelbare Vertreter des Chefs und besitzt besondere Befugnisse. Und so versucht die Mutter eilfertig, das Versäumnis ihres Sohnes mit Krankheit zu entschuldigen und den Prokuristen durch Hinweise auf Gregors Pflichtbewusstsein positiv zu beeinflussen. Der Vater zeigt Verständnis für das Begehren des Prokuristen, Gregor sofort zu sprechen, und ist ungehalten, dass Gregor dem Prokuristen nicht sofort das Zimmer öffnet.
Einen kurzen Moment machen sich in Gregor Wut und Ohnmacht breit, er versucht „sich vorzustellen, ob nicht auch einmal dem Prokuristen etwas Ähnliches passieren könnte, wie heute ihm; die Möglichkeit dessen mußte man doch eigentlich zugeben". (12/17f.) Zugleich aber machen ihn „Gewissensbisse (so) närrisch", dass er „geradezu nicht imstande war, das Bett zu verlassen". (11/36f.) Unterwürfig reagiert Gregor dann auch auf die Unterstellungen und Beschuldigungen des Prokuristen und versucht, alle Vorwürfe zu entkräften. Dabei kann man sich des Eindrucks nicht erwehren, dass die Vorwürfe der Unterschlagung von dem Prokuristen, wenn nicht erfunden, so doch wahrscheinlich von ihm selbst stammen. Durch die Verleumdung setzt er sich von Gregor ab, dessen Zukunft unsicher scheint.

Der Verlust der Autorität

Indessen zerbricht die Machtposition des Prokuristen augenblicklich, als er dem Käfer gegenüber steht. Instinktiv erkennt er, dass seine Au-

torität an eine unerwartete, nicht fassbare Grenze stößt. Was Gregor in seiner kurzen Rachefantasie gedacht hat, ob dem Prokuristen nicht etwas Ähnliches zustoßen könnte wie ihm selbst, wird hier in anderer Weise verwirklicht. Ohne Vorbereitung, aus einer Situation heraus, in der der Prokurist glaubte, seine Überlegenheit ausspielen zu können, wird er mit dem Ungeheuerlichen konfrontiert.
Was der Prokurist nicht weiß, ist, dass der Käfer in seinen Gedanken die Autorität und Geltung des Prokuristen durchaus anerkennt, ja, ihn geradezu anfleht, ihn zu verstehen, damit er seinen Beruf nicht verliert. Dass außerdem die Bedrohung, die der Prokurist empfindet, nur auf einem Missverständnis beruht, weil der Prokurist die Körpersprache des Käfers missdeutet und beispielsweise Gregors Versuch, ihn aufzuhalten, als Angriff versteht. Panisch flieht der Prokurist, nachdem er sich noch einmal durch einen Blick zurück vergewissert hat, was er gesehen hat. Er flieht durch das Treppenhaus, das nun gerade die Begrenzung für Gregors Handlungsspielraum bietet.

Die drei Zimmerherren

Die drei Zimmerherren haben in ihrem marionettenhaften Auftreten und ihrer äußerlichen Gemeinsamkeit etwas Unwirkliches, an Märchen Erinnerndes; wie im Märchen häufig die dritte, die letzte Prüfung die Erlösung bringt, so gilt es nun, nach der Verwandlung Gregors, dem Verlust der wirtschaftlichen Basis, die dritte Prüfung – die drei Zimmerherren – zu bestehen, um einer glücklichen Zukunft entgegengehen zu können. Tatsächlich gelingt es dem Vater, diese Prüfung zu bewältigen, er weist die Zimmerherren aus dem Haus. Fluchtartig, wie schon zuvor der Prokurist, folgen sie der Aufforderung durch Herrn Samsa.
Offensichtlich können sie nur im Kollektiv ihre Stärke ausspielen, dennoch unterliegen sie schließlich dem geeinigt handelnden Kollektiv, der Familie Samsa, die in gemeinsamer Front auf sie zuschreitet, um sie aus dem Haus zu vertreiben.

Das Dienstpersonal

Und es sind schließlich auch drei Hausangestellte, die in der Erzählung auftreten. Dank der Arbeit Gregors kann die Familie Samsa als Arbeitgeber, und damit als gleichrangig mit Gregors Chef, auftreten. Doch Gregors Verwandlung schwächt sogleich diese Machtposition, da das erste Dienstmädchen, Anna, das später als Köchin bezeichnet wird, mit einer dramatischen Geste kündigt. Anna bittet die Mutter schon am ersten Tag „kniefällig" um Entlassung, „dankt für die Entlassung unter Tränen, wie für die größte Wohltat", um dann mit einem „fürchterlichen Schwur (...), niemandem auch nur das Geringste zu verraten" (29/22f.), das Haus zu verlassen. Aus ihrem Verhalten und der Panik des Prokuristen können wir entnehmen, wie grauenhaft Gregor auf die Außenstehenden wirken muss.
Aber auch das zweite Dienstmädchen, ein sechszehnjähriges Mädchen, entzieht sich teilweise dem Einflussbereich der Eltern, denn nach der Entlassung der Köchin bittet es darum, nur noch in der verschlossenen Küche arbeiten zu müssen. Schließlich zwingt die durch Gregor verursachte Einschränkung der Lebenshaltung, dass auch dieses Dienstmädchen gekündigt wird.
Sie wird ersetzt durch eine resolute, „riesige, knochige Bedienerin" (46/16), die keine Furcht vor Gregor zu haben scheint, ihn vielmehr fast kumpelhaft als „alten Mistkäfer" bezeichnet. (49/18) Im Gegensatz zu ihren Vorgängerinnen agiert sie selbstständig und lässt sich weder von den Eltern etwas vorschreiben – sie knallt trotz der Bitten von Gregors Vater Türen –, noch lässt sie sich durch Gregor beeindrucken. Erst als die Familie nach Gregors Tod ihr Gleichgewicht wiedergewonnen hat, wird sie, wie die Zimmerherren, als störende Mitwisserin aus dem Haus verwiesen.

Themen

Der Vater-Sohn-Konflikt: Kafkas „Brief an den Vater“

In seinem Buch „Verkommene Söhne, mißratene Töchter“ gibt der Schweizer Autor von Matt einen literaturgeschichtlichen Überblick zu dem Thema „Familiendesaster in der Literatur“. Von Matt weist aufgrund von Briefen Kafkas nach, dass „Kafka (...) sich selbst bis zu seinem Tod entschieden und kompromißlos als mißratenen Sohn vor dem verurteilenden Vater (definiert), mißraten gar – und auch dies noch schuldhaft – in seiner körperlichen Beschaffenheit.“ (Matt, 288)

Im Zusammenhang mit der Interpretation der Erzählungen Kafkas wird immer wieder jener berühmte „Brief an den Vater“ herangezogen, den Kafka 1919 geschrieben, jedoch nie an den Vater abgesandt hat. Der in der Handschrift 104 Seiten umfassende Brief sollte die verhärtete Beziehung zum Vater erhellen und zur Klärung der problematischen Beziehung beitragen. Kafka schildert dem Vater anhand zahlreicher Beispiele aus seiner Kindheit und Jugend die Auswirkungen der strengen, unpersönlichen, lieblosen Erziehung, „das Gefühl der Nichtigkeit (...) stammt vielfach von Deinem Einfluß. Ich hätte ein wenig Aufmunterung, ein wenig Freundlichkeit, ein wenig Offenheit“ (10) gebraucht. Wie in der Erzählung vermisst Kafka also auch in der Familie menschliche Zuwendung, sogar die Verfolgungsjagd des Vaters findet in dem Brief eine Parallele: „Das Schimpfen verstärktest Du mit Drohen. (...) Schrecklich war es auch, wenn Du schreiend um den Tisch herumliefst, um einen zu fassen, offenbar gar nicht fassen wolltest, aber doch so tatest und die Mutter einen schließlich scheinbar rettete.“ (18/19)
Zugleich wird aus diesem Brief deutlich, dass einige Züge von Gregors Chef mit denen von Kafkas Vater übereinzustimmen scheinen.
Die Autorität des Vaters in der Erzählung wird damit offensichtlich in der Zeit, in der der Vater sich zurückgezogen hat, durch die Autorität

des Chefs ersetzt, bis der Vater schließlich nach der Verwandlung die alte Macht zurückverlangt. „Besonders (quälte mich) Deine Behandlung des Personals. (...) Dich aber hörte und sah ich im Geschäft schreien, schimpfen und wüten (...). Und nicht nur das Schimpfen, auch sonstige Tyrannei. Wie Du z. B. Waren, die Du mit anderen nicht verwechselt haben wolltest, mit einem Ruck vom Pult hinunterwarfst (...) und der Kommis sie aufheben mußte. Oder Deine ständige Redensart hinsichtlich eines lungenkranken Kommis: ‚Er soll krepieren, der kranke Hund!' Du nanntest die Angestellten ‚bezahlte Feinde'". (26)

Die Verwandlung

Die Verwandlung eines Menschen zum Tier ist zunächst literarisch nichts Ungewöhnliches, viele Märchen, Mythen und Sagen kennen dieses Motiv; dennoch irritiert die Verwandlung den Leser.
Denn anders als beispielsweise in Märchen gibt es in dieser Erzählung weder einen Verursacher der Verwandlung noch ein Motiv. In den klassischen Verwandlungsgeschichten finden sich immer Vorgeschichten. Hier jedoch findet der Leser auf die Frage nach dem Grund für die Verwandlung keine Antwort, und selbst Gregor Samsa stellt nur die Frage, was mit ihm geschehen sei, nicht warum die Verwandlung stattgefunden hat.
Weder wird gesagt, dass Gregor bewusst aus der Familie heraustritt oder gar sich selbst verwandelt hat, noch dass er verwandelt worden ist; er findet sich verwandelt.
Die Verwandlung ist überdies das einzig Fantastische, das in dieser Erzählung geschehen sein wird, es wird keine Rückverwandlung geben, keine Rettung, kein glückliches Ende, der Ablauf der Handlung entwickelt sich sozusagen zwangsläufig, nachdem das unerhörte Ereignis geschehen ist. Nichts spricht übrigens dafür, dass wir uns Gregor nicht als Ungeziefer vorstellen sollen, wie dies einige Interpretationen nahe legen. Der Hinweis Kafkas, dass man den Käfer nicht als Illustration darstellen möge, hängt eher mit dem Verlust der Vorstel-

lungskraft zusammen, die eine Illustration bewirken würde, sind doch Kafkas Angaben über den Käfer so genau, dass unserer Fantasie einerseits hinreichend Anhaltspunkte, aber andererseits ausreichend Freiräume gegeben sind.
Zwar hat Gregor sich nicht bewusst verwandelt, aber die Verwandlung eröffnet Gregor die Möglichkeit, sich ohne eigenes Verschulden den beruflichen Verpflichtungen zu entziehen. Jedoch misslingt die Befreiung von familiären Zwängen, das Loslösen aus einer als einengend empfundenen Situation vollständig. Die Befreiung von allen Verpflichtungen führt zur absoluten Isolation. Das äußere Zeichen dafür ist der Panzer, mit dem sich ein Insekt natürlicherweise schützt, der aber hier, weil er Gregors eigentliches Sein versteckt und Abscheu und Entsetzen hervorruft, letztlich zur Ausgrenzung und Vereinsamung führt. Am Ende der Erzählung ist aus Gregor Samsa ein verwundetes, erblindetes, verhungertes und vertrocknetes „Es" geworden, das wie Abfall beseitigt wird: Die Verwandlung hätte vollständiger nicht sein, sie hätte tragischer nicht enden können.

Raum – Türen – Fenster

Bei der Untersuchung der Erzählung gilt es, besonders Details zu beobachten. Natürlich sind Räume und Dinge zunächst der Handlung zuzuordnen, doch sie gewinnen bei näherer Betrachtung metaphorische und symbolische Bedeutung.

Gregors Zimmer liegt im Zentrum der Wohnung, es hat drei Türen, vor denen sich nach der Verwandlung die einzelnen Familienmitglieder einfinden, um nach Gregor zu fragen. Fast scheint es, als sei Gregor von seiner Familie eingekreist. Gewohnheitsgemäß hat er seine Türen von innen verschlossen, er begründet dies mit seiner „vom Reisen her übernommenen Vorsicht". (8/30f.) Doch es entsteht der Eindruck, als habe Gregor sich schon vor seiner Verwandlung eine Art Panzer gegen die Außenwelt schaffen wollen, indem er demonstrativ seinen Wunsch nach Abgrenzung dokumentiert.

Energisch fordert der Vater Gregor auf, den Prokuristen in sein Zimmer zu lassen; als Gregor nicht öffnet, soll die Tür schließlich von einem Schlosser aufgebrochen werden. Gregors Intimsphäre ist in dem Moment nicht mehr schützenswert, in dem es um die wirtschaftlichen Perspektiven geht. Gregor hat kein Recht auf einen eigenen, unantastbaren Raum, wenn er nicht den Forderungen des Geschäftlichen gehorcht.
Eilfertig versucht Gregor die Tür zu öffnen, als ihm dies schließlich gelungen ist, verursacht sein Erscheinen panisches Entsetzen und seine erste Kontaktaufnahme nach der Verwandlung scheitert. Der Prokurist flieht, die Mutter flüchtet in die Arme ihres Mannes, Gregors Vater schließlich drängt den verwandelten Gregor zurück in sein Zimmer, dabei verletzt Gregor sich an der Tür.
Fortan werden die Türen von außen verschlossen, und Gregor verliert das Recht, seinen Aufenthaltsort selbst zu bestimmen, die Familie hat den Käfer entmündigt. Als er das zweite Mal das Zimmer verlässt, treibt ihn der Vater brutal zurück und verletzt ihn erneut. Wie zur Wiedergutmachung erlaubt die Familie danach, dass Gregor durch die spaltbreit geöffnete Tür am Familienleben teilhat, und wenn seine Mutter die Tür schließen lässt, spürt Gregor die Schmerzen der Wunde im Rücken wie neu. Noch ein Mal wird er versuchen, sein Gefängnis zu verlassen, und dieses Mal besiegelt er den Entschluss der Schwester, ihn zu vernichten.
Nur die Fenster ermöglichen Gregor einen Blick nach draußen, der nicht von der Familie kontrolliert wird, doch der Blick ist nicht ungestört, denn er fällt auf die Front eines Krankenhauses; und im Laufe der Zeit lässt zudem die Sehfähigkeit so weit nach, dass Gregor nur noch verschwommene Eindrücke hat.
Der Handlungsraum Gregors, sein „richtiges, nur etwas kleines Menschenzimmer“ (5/12f.), gewinnt schon mit den ersten Sätzen symbolischen Wert. Es ist ein Raum, in dem Gregor von der Familie isoliert ist, der nur scheinbar im Zentrum des Geschehens liegt. „Gregors psychische Situation in der Familie wird durch die physische Situation seines Zimmers ganz genau ausgedrückt. Einerseits ist er auf allen

Seiten von der Familie umringt, umklammert und eingeschlossen. Der erwachsene Gregor ist ein Gefangener in seiner Familie. (...) Andererseits ist er aber in der Familie ein völlig Fremder und lebt inmitten seiner Familie in dem Exil, das Kafka in seinem Tagebuch russisch nennt." (Sokel, 86)

Selbst wenn Gregor sein Zimmer verlässt, so scheitert er gerade an jenem Teil des Hauses, der Eintreten, Flucht, Verlassen und Ausflug ermöglicht: Die Treppe ist das zentrale Hindernis für ihn. Mehrfach wird deutlich gemacht, welche Bedeutung die Treppe hat. Der Prokurist nutzt sie zur Flucht, die Zimmerherren werden bei ihrem Verlassen auf der Treppe beobachtet, während gleichzeitig ein „Fleischergeselle mit der Trage auf dem Kopf in stolzer Haltung hinaufstieg". (62/3f.) Als Familie Samsa gemeinsam die Wohnung verlässt, wird die Treppe nicht mehr erwähnt, für Familie Samsa stellt sie kein nennenswertes Hindernis dar.

Auch die Gegenstände in Gregors Zimmer gewinnen symbolischen Charakter. Die pelzbekleidete Dame, die – wie abwehrend – ihren Unterarm „dem Beschauer entgegenhob" (5/22f.) scheint das Wunschbild, das unerreichbare Idol Gregors zu sein. Kaum einen krasseren Gegensatz kann man sich zu dem ekelhaften Ungeheuer vorstellen, das seinen Blick auf dieses Bild wirft.

Die Fotografie Gregors in Uniform steht in Kontrast zu dem Bild der Dame und signalisiert eine durch Äußerliches gekennzeichnete Macht, dabei wird später die Uniform des Vaters dessen neu gewonnene Macht symbolisieren.

Form und Struktur der Erzählung

Die Erzähltechnik

Schon im ersten Satz übernimmt der Erzähler mit dem Ausdruck Gregor „fand sich" verwandelt kaum merklich die Perspektive Gregors: Er erwacht und befindet sich in einem ihm völlig unbekannten Körper, ohne dass er etwas Näheres über Grund, Ursache oder die Art und Weise der Verwandlung sagen könnte.
Zugleich aber scheint auch ein distanziert beobachtender, allwissender Erzähler auf diesen Käfer herabzublicken, denn er weiß von den „unruhigen Träumen", aus denen Gregor erwacht, zudem schildert er ihn als „ungeheures Ungeziefer", das auf seinem „panzerartig harten Rücken" liegt.
Im zweiten Absatz gewinnt der Leser die Gewissheit, dass der Erzähler im Folgenden hinter Gregor zurücktritt, seine Perspektive übernimmt und das darstellt, was Gregor wahrnimmt, empfindet, zu sagen glaubt (denn er wird ja – im doppelten Sinne – nicht mehr verstanden) und denkt.
Diese Erzählhaltung wird besonders an jenen Stellen deutlich, an denen Gregor die Handlungsweise von Personen aus seiner subjektiven, positiv deutenden Sicht beurteilt. So hält er beispielsweise Gretes Eile, mit der sie das Zimmer nach der Fütterung verlässt, für Zartgefühl, da sie ihn wohl beim Essen nicht stören will; als Grete die Tür abschließt, glaubt er hierin ein Zeichen Gretes zu erkennen, dass er sich nun ungestört fühlen kann, dabei sind Gretes Handlungen nur Indizien für Angst und Abscheu.
Erlebte Rede, innerer Monolog und Wiedergabe von Gedanken als Merkmale des personalen Erzählens lassen uns als Leser aus Gregors Perspektive die Umwelt und den verwandelten Körper wahrnehmen.
„Was ist mit mir geschehen?", überlegt Gregor nach dem Erwachen. Diesem ersten Gedanken folgt eine sehr subjektive Beobachtung des Zimmers, die allerdings kurz durch einen allwissenden Erzähler kommentiert wird: „Samsa war Reisender!" (5/17)

In ähnlicher Weise scheint am Schluss kurz ein auktorialer Erzähler aufzublitzen, wenn über Gregor gesagt wird: „Er war entschlossen, bis zur Schwester vorzudringen, sie am Rock zu zupfen und ihr dadurch anzudeuten, sie möge doch mit ihrer Violine in sein Zimmer kommen." (53/2f.)

Durch die Wiedergabe von Gregors Gedanken erleben wir das Geschehen aus seiner subjektiven Sicht, und wir werden fortlaufend mit Gregors Deutung von Geschehnissen konfrontiert: „‚Dies frühzeitige Aufstehen', dachte er, ‚macht einen ganz blödsinnig. Der Mensch muß seinen Schlaf haben. Andere Reisende leben wie Haremsfrauen. (...) Wenn ich mich nicht wegen meiner Eltern zurückhielte, ich hätte längst gekündigt, ich wäre vor den Chef hin getreten und hätte ihm meine Meinung von Grund des Herzens aus gesagt.'" (6/19f.)

Sind die Gedanken Gregors durch die begleitenden Verben (er dachte etc.) und die zumeist gesetzten Anführungszeichen noch leicht zu erkennen, so fällt dies bei der erlebten Rede, die die gleiche Wirkung wie der innere Monolog und die Gedankenwiedergabe hat, nicht ganz so leicht. Die erlebte Rede unterscheidet sich dadurch vom Erzählbericht, dass statt äußerer Vorgänge innere Erlebnisse mitgeteilt werden, dabei wird jedoch – wie im Erzählbericht – die 3. Person Präteritum (Indikativ) verwendet. „Nun, ruhig hatte er ja nicht geschlafen, aber wahrscheinlich desto fester. Was aber sollte er jetzt tun? Der nächste Zug ging um sieben Uhr; um den einzuholen, hätte er sich unsinnig beeilen müssen, und die Kollektion war noch nicht eingepackt." (7/11f.) Wir nehmen also teil an Gregors innersten Gedanken, erst wenn wir uns davon lösen, wird die Absurdität dieses Gedankengangs deutlich; der Käfer findet die Entschuldigung, dass er den Zug verpassen wird, darin, dass er sich unsinnig beeilen müsste. Kein Gedanke wird daran verschwendet, dass es ihm als Käfer jetzt und in Zukunft unmöglich sein wird, einen Zug zu erreichen.

Der Schluss der Erzählung, der nach Gregors Tod das Wiedererstarken der Familie zeigt, ist immer wieder als Bruch in der Erzählung kritisiert worden. Man kann diesen Schluss aber auch als Konsequenz der Erzählung sehen. Natürlich muss nach Gregors Tod die Erzähltechnik

verändert werden, da seine Sichtweise nicht mehr einzuhalten ist. Es wirkt, als habe mit Gregor auch der Erzähler die „Bühne" verlassen und als überließe er die Figuren nun einer neutralen Perspektive.
Die Rückkehr der Familie zur Normalität korrespondiert mit einer Neutralität der Darstellung, die jedoch, wenn man genau liest, die Rückkehr zur Ereignislosigkeit eines spießigen bürgerlichen Lebens widerspiegelt: Der Vater ist wieder die Respektsperson der Familie, als Familienoberhaupt weist er die Zimmerherren aus dem Haus, entlässt die Bedienerin, die zwar die Schmutzarbeit gemacht hat, nun aber als unerwünschte Zeugin des Geschehens an den Käfer erinnert. Schließlich wird Gregors Tod mit einem Ausflug ins Grüne gefeiert, bei dem die Eltern das Erblühen ihrer Tochter mit einem gegenseitigen verständnisvollen Blick zur Kenntnis nehmen. Man wird einen „braven Mann" für sie suchen (63/33), die Ordnung ist wieder hergestellt. Dies zeigt auch die nicht mehr beunruhigende neutrale Erzählhaltung.

Die Sprache

Zunächst scheint Kafkas Sprache so wenig von der gehobenen Alltagssprache entfernt, dass man glaubt, keine sprachlichen Besonderheiten erkennen zu können. Damit zusammenhängend, ist es auch sprachlich kaum möglich, Kafka einer literarischen Richtung zuzuordnen, weder ist seine Darstellung naturalistisch, noch expressionistisch oder surrealistisch, sie ist sachlich.
Und gerade dieser Wille zur Sachlichkeit, verbunden mit dem Ziel der Genauigkeit, prägt den Stil der Erzählung: So wird das äußere Erscheinungsbild des Käfers durch die gehäufte **Verwendung von Adjektiven** (bzw. adjektivisch verwendeten Partizipien) zoologisch präzise mitgeteilt. Der Käfer hat einen „harten Rücken" und einen „gewölbten, braunen, von bogenförmigen Versteifungen geteilten Bauch" (5/4f.), der später „mit lauter kleinen weißen Pünktchen" (6/15) besetzt sein wird.
Adverbien unterstreichen den Zug zur Genauigkeit, der Rücken ist „panzerartig", die unbeholfenen Beinchen sind „kläglich".

Dass dieser Körper, den Gregor noch nicht akzeptieren will, den er auch noch nicht beherrscht, sozusagen gegen seinen erklärten Willen doch zu ihm gehört, wird durch das **Possessivpronomen** „sein" im ersten Abschnitt unterstrichen.
Immer wieder unterbrechen **Einschübe**, die präzise Informationen enthalten, den Erzählfluss; die Bettdecke auf Gregors Bauch, „zum gänzlichen Niedergleiten bereit" (5/7f.), kann kaum noch gehalten werden. Der Blick des Lesers wird auf das Zimmer gerichtet, dabei erfährt er in einem Einschub, dass es sich um „ein richtiges, nur etwas kleines Menschenzimmer" (5/13f.) handelt.
In einem Einschub erfahren wir, dass Gregor Reisender ist. Auch das Bedeutsamste an dem Bild, das Gregor besonders am Herzen liegt, erfahren wir in einem derartigen Einschub: Es zeigt eine Dame, „die, mit einem Pelzhut und einer Pelzboa versehen, aufrecht dasaß". (5/20f.)
Bei genauer Untersuchung der Erzählung wird man finden, dass diese sprachliche Methode der Anreicherung von Informationen durch Einschübe, bzw. der Einschränkung von Aussagen wohl das auffälligste Prinzip ist.
Während die Erzählhaltung, die zuvor beschrieben wurde, vorwiegend Gregors Perspektive widerspiegelt, gelingt es dem Leser stellenweise auch die Gedanken der übrigen Personen zu erfassen: **Die wörtliche Rede** verrät dabei zuweilen mehr als die Personen zugeben wollen: Wenn Grete etwa sagt, „weg muß es" (57/11), so wird damit die Existenz Gregors als Mensch, als Bruder, als Familienmitglied ausgelöscht, er wird zur Sache, über die verhandelt wird.

Die Erzählung in der Tradition der Novelle

Kafkas Erzählung steht in der Tradition der Novelle.
Goethes berühmte Definition, die Novelle sei nichts anderes „als eine sich ereignete unerhörte Begebenheit" (Krämer, 29), wird in kaum zu übertreffender Unerhörtheit durch Gregors Verwandlung erfüllt.
Diese Metamorphose entspricht zudem der programmatischen Forderung an die Novelle, die Theodor Storm aufgestellt hat: „Ich kann nur

einzelnes sagen: nur was geschehen, nicht wie es geschehen ist". (Freund, 7) Winfried Freund führt hierzu aus: „Beherrschend ist der anonyme Prozeß, von den Betroffenen erlitten. (...) Menschliches Dasein sieht sich Kräften ausgeliefert, die jeder Kontrolle, jedem Eingreifen entzogen scheinen. Gründe für das, was geschieht, sind ebensowenig ausfindig zu machen wie Sinn und Ziel des Geschehens." (Freund, 7)

Storm erkennt zudem in der Novelle „die strengste Form der Prosadichtung" und „die Schwester des Dramas". (Krämer, 50) Und tatsächlich entsprechen wichtige Strukturmerkmale der Erzählung Merkmalen des geschlossenen Dramas. Neben der Einheit der Handlung und der Einheit des Ortes, die Wohnung der Samsas wird erst nach dem Tod Gregors verlassen, lässt sich sogar in gewisser Weise die Einheit der Zeit konstruieren. Die Erzählung beginnt an einem Morgen und endet, mit dem Ausflug der Familie, an einem Morgen nach Gregors Tod. Außerdem ist die Erzählung – wie schon im ersten Kapitel gezeigt – wie ein Dreiakter gegliedert, der schließlich tragisch mit dem Tod Gregors endet.

Peter Cersowsky hat im Hinblick auf diese Strukturmerkmale darauf hingewiesen, dass Kafka in dieser Erzählung optische Eindrücke so gezielt einsetzt, als habe er eine Filmnovelle schreiben wollen: „Absolut vorherrschend sind in der Verwandlung die optischen Eindrücke, vor allem natürlich das Erscheinungsbild des verwandelten Gregor. Seine Beine ‚flimmerten' ihm ‚vor den Augen'. Dieses Verb erinnert ganz besonders an einen ablaufenden Film. Sogar das Violinenspiel der Schwester ist vorwiegend eine visuelle Episode." (Freund, 245)

Fast folgerichtig ist die Erzählung 1975 für das ZDF von Jan Nemec verfilmt worden. Nemec hat dabei Kafkas ausdrücklichen Wunsch, den Käfer nicht zu illustrieren, respektiert und über den gesamten Film ausschließlich – und im Sinne der Erzählperspektive konsequent – Gregors Perspektive eingehalten. Das Auge Gregors wird damit zum Objektiv der Filmkamera.

Interpretationen

Die biographische Deutung

Kafkas Briefe, Tagebücher und vor allem der „Brief an den Vater" haben zahlreiche Interpreten dazu bewogen, in der Erzählung das gebrochene Spiegelbild von Kafkas eigener Situation und seiner persönlichen Probleme zu sehen. Hartmut Binder weist in seinem hervorragenden „Kafka-Kommentar" nach, dass es vielfältige Parallelen zwischen der Erzählung „Die Verwandlung" und Kafkas persönlicher Lebenssituation gibt. So verweist er beispielsweise auf das besondere Verhältnis Kafkas zu seiner Schwester Ottla, das Entsprechungen in der Erzählung hat. Er zitiert Kafkas Tagebucheintragungen aus dieser Zeit: Er, Kafka, fühle sich „mit einem Fußtritt aus der Welt geworfen", (...) fühle sich einen Augenblick lang „umpanzert" und zieht Kafkas berufliche und familiäre Situation zu dieser Zeit heran. (Binder, 154)
Karlheinz Fingerhut vertieft diese Zusammenhänge, wenn er „Kafkas Schreiben als Durchdenken der autobiographischen Situation" (Fingerhut, 57) deutet und die Parallelen mit Hinweisen auf Kafkas Leben präzisiert. „Die Verwandlung (...) kann man (...) als eine Entfaltung von Kafkas Aussteigerphantasie begreifen. Gregor liebt sein durch Beruf erzwungenes Reisen nicht. Auch Kafka ist beruflich zu Reisen gezwungen, die seinen Lebensrhythmus äußerst stören. Sein Schreiben findet statt, wenn er sich in seinem Zimmer von der Familie abschließt. Es (das Schreiben) ist extrem störanfällig." (Fingerhut, 59)
Weiterhin hat Kafka kurz vor der Niederschrift der ersten Seiten der Erzählung, Anfang Oktober 1912, „die Erfahrung gemacht, daß seine Lieblingsschwester Ottla, die sonst immer gegen den Vater zu ihm gehalten hatte, sich auf die Seite der Familie schlug. Es ging um die unternehmerische Betreuung einer Asbestfabrik, die Kafka mit seinem Schwager Karl Hermann betrieben und für die er von seinem Vater Geld geliehen hatte. Ottlas Verrat, die Aufforderung an den Bruder, sich mehr um das Familienunternehmen zu kümmern, ließ ihn an Selbstmord denken". (Fingerhut, 58)

So eingängig diese Parallelen zunächst sind, so sollte man doch aus biografischen Ähnlichkeiten nicht folgern, dass Kafka uns mit dieser Erzählung ein literarisches Abbild seiner eigenen Konflikte vorgelegt hat. Damit würde man Kafkas Werk unzulässig auf die Darstellung eines individuellen Einzelfalls beschränken. Kafka selbst hat darauf verwiesen, dass der Name Samsa kein Kryptogramm ist, obgleich der Name Samsa wie eine verschlüsselte Form seines Namens klinge, „Samsa ist nicht restlos Kafka. Die Verwandlung ist kein Bekenntnis (...).“

Die psychoanalytische Deutung

Im Hinblick auf seine Erzählung „Das Urteil“ notiert Kafka in seinem Tagebuch fast ironisch auf die Spur verweisend: „Gedanken an Freud natürlich“ (Binder, 126). Kafka kannte Schriften Freuds, des Begründers der Psychoanalyse, und mit Sicherheit kann man „Die Verwandlung“ mit Freuds Lehre in Verbindung setzen. Entsprechend haben Interpreten schon früh die ödipale Situation herausgestellt, „einem auf Haß, Angst, Respekt, Rebellion und Machtwillen gegründeten Protest des Sohnes gegen seinen übermächtigen Vater“, dem eine erotische Fixierung an die Mutter entspricht“. (Binder, 126)
Viele Interpreten erliegen bei diesem Ansatz der Gefahr, die Erzählung gleichsam als eine Ausgestaltung Freudscher Gedanken zu sehen und der Erzählung Freuds Begrifflichkeit überzustülpen.
Sokel nutzt den psychologischen Ansatz, wenn er in Gregors Verwandlung einen vielschichtigen Verdrängungsprozess sieht. Gregor lehne sich unbewusst nicht nur gegen seinen Vater auf, sondern in gleicher Weise gegen seine Arbeit, seinen Chef und die Reglementierung, der er unterliegt. Sein Unbehagen allerdings unterdrückt Gregor: „In ihrem praktischen Resultat stellt die Verwandlung Gregors Weigerung dar, sich für die Familie weiter zu plagen. Er gibt mit der Verwandlung sein Fassaden-Ich des überarbeiteten Handlungsreisenden auf. (...) Gregors innerer Monolog zu Beginn der Verwandlung enthüllt, dass er schon lange tiefe Unlust- und Unzufriedenheitsgefühle

gegen seine Arbeit gehegt hat. Er fand sein Leben als Reisender höchst unbequem, unmenschlich gehetzt, ausgebeutet (...).“ (Sokel, 90f.)

Die sozialkritische Deutung

Diese Perspektive wird in der soziologischen Interpretationsrichtung weiter entwickelt. Sie sieht in Gregor das Opfer der Ausbeutung, das sich der Verantwortung, der Überwachung und den Unterstellungen der Faulheit und der Unterschlagung entzieht. Dabei reicht die gesellschaftliche Ausbeutung bis in die Familie hinein: Gregor wird fast wie ein Sklave gehalten.
Gregor, der Reisende, verweigert mit seiner Verwandlung alle Ansprüche, die der ihn ausbeutende Chef an ihn als Handelsvertreter stellt: Die Redegewandtheit, die man von dem Handelsvertreter verlangt, versagt, er wird nicht mehr verstanden; er verliert außerdem seine unerlässliche Beweglichkeit und Wendigkeit; die notwendige äußere Vertrauenswürdigkeit ist zum abstoßenden Äußeren geworden. Man stelle sich das ungeheure Ungeziefer als Handelsvertreter für feine Tuchwaren vor, um die groteske Verwandlung einzuschätzen.

Versuch einer Synthese: Rollenkonflikte und fehlende Kommunikation

Versuchen wir die unterschiedlichen Interpretationen zu einer Synthese zu bringen, so zeigt sich, dass kein Ansatz gänzlich falsch ist, dass die Ansätze allerdings jeweils um wichtige Aspekte verkürzt erscheinen.
Die folgenden beiden Skizzen mögen die Vielschichtigkeit der zu interpretierenden Aspekte veranschaulichen:

Vor der Verwandlung wirkt Gregor wie der wirtschaftliche Motor der Familie, der nicht nur die Lebensbedürfnisse sichert und die Schulden

Familiensituation vor Gregors Verwandlung
Rollenkonflikte und Rollenverständnis

Rollenverständnis Gregors gegenüber **Eltern:**

als Sohn pflichtbewusst und gehorsam, verantwortlich für die gesamte Familie; Erhaltung eines hohen Lebensstandards; Sorge um die kranken Eltern, Zurückstellung aller persönlichen Ansprüche

Problem: Gregor verkennt Grundstrukturen in der Familie und verhindert Entwicklungsmöglichkeiten der Familie.

Zahlt die Schulden der Eltern ab und ermöglicht ihnen Dienstpersonal und eine schöne Wohnung.

Rollenverständnis Gregors gegenüber seinem **Chef:**

wegen der Schulden der Eltern vollständig abhängig von seinem Chef, als Angestellter keinerlei Autonomie, zu Anpassung und absoluter Unterwerfung gezwungen, Verlust von Kontakten und Beziehungsmöglichkeiten

Problem: Verschweigen dieser Konflikte gegenüber den Nutznießern (Eltern), damit keinerlei Entwicklungsmöglichkeit.

Stellt seine gesamte Kraft und Arbeit der Firma zur Verfügung und lässt sich wissentlich ausbeuten.

Gregor als wirtschaftlicher Motor der Familie

Rollenverständnis Gregors gegenüber seiner **Schwester:**

besorgter, verständnisvoller Bruder, der seine Schwester verwöhnen und von ihr anerkannt (bewundert) werden möchte.

Problem: Gregor verkennt Gretes Charakter und ihre wirklichen Interessen und Fähigkeiten.

Schwester: „noch ein Kind“
ermöglicht der Schwester ein unbeschwertes Leben, plant, sie auf ein Konservatorium zu schicken.

abbezahlt, sondern auch einen gewissen Standard (große Wohnung, Dienstpersonal, finanzielle Absicherung der Familie) ermöglicht und sogar für die Schwester ein Studium ins Auge fasst. Gregor hat damit die Rolle des Vaters übernommen und ihm, dem kränklichen Patriarchen, einen wohlverdienten Lebensabend beschert. Die besondere Zuwendung, die er seiner Schwester zukommen lassen will, das Studium am Konservatorium, lässt ihn in der Rolle des großzügigen Bruders erscheinen, der seiner noch kindlichen Schwester besonders zugetan ist.

Die gesellschaftliche Rolle des Ernährers hat Gregor allerdings erkauft mit der Rolle des abhängigen Angestellten, der einen ungeliebten Beruf hat, darüber hinaus noch kontrolliert und überwacht wird. Warum übernimmt Gregor nun diese verhasste Rolle des Abhängigen? Fühlt er sich verantwortlich? Möchte er die Familie im Griff behalten? Will er seinem Vater beweisen, dass er mehr kann, als der Vater glaubt? Möchte er seiner Schwester als Mann imponieren? Möchte er sich durch seine Arbeit besondere Anerkennung erkaufen, die er sonst nicht erhält?

Die mangelnde Kommunikation innerhalb der Familie über private Schwierigkeiten oder besondere Bedürfnisse macht es schwer, eine genaue Antwort auf diese Fragen zu geben. Aber einige Zeichen machen uns aufmerksam auf sehr unterschiedliche Rollenkonflikte, über die nie gesprochen wird: Gregor ist, obgleich im Zentrum der Familie wohnend, einsam; weder in der Familie noch im Bekanntenkreis findet er menschliche Zuwendung. Er ist zu einem neurotischen Einsiedler geworden, dessen Interessen seltsam begrenzt sind: Laubsägearbeit und Fahrplanlesen. Sein Verhältnis zu Frauen reduziert sich auf zwei flüchtige Erinnerungen und das Foto einer pelzbekleideten Frau, das sogar das widerliche Insekt noch zu schützen sucht. Zugleich zeigt sich auch der Rollenkonflikt der Eltern, deren Beziehung zu ihrem Sohn von Gleichgültigkeit und Interesselosigkeit gekennzeichnet ist, da die Eltern über Gregors Traurigkeit und seinen Hass auf den Beruf nichts wissen.

Grete, die verwöhnte und arbeitsunlustige, dafür aber vergnügungssüchtige Schwester, die ein wenig auf der Violine dilettiert, wird in ihrer Rolle von Gregor missverstanden: Für ihn ist sie die kleine, zu verwöhnende Prinzessin, der er ihren großen Traum, den Besuch des Konservatoriums, ermöglichen will, um wenigsten von ihr geliebt und anerkannt zu werden.

Die familiäre Situation nach der Verwandlung allerdings ermöglicht weitere Aufschlüsse im Hinblick auf die Rollenkonflikte der anderen Personen. Der kränkliche, entmachtete Vater entwickelt neue Aktivitäten. Er spricht mit seiner Familie und eröffnet ihr die wirtschaftliche Situation, die er bislang verheimlicht hat. Er verteidigt die Familie gegen Angriffe und er nimmt wieder die Rolle des Patriarchen ein, der für alles zuständig ist. Die Schwester gewinnt zunächst durch die Betreuung Gregors eine neue Rolle. Das Selbstbewusstsein, das sie hieraus entwickelt, eröffnet ihr eine neue berufliche Perspektive. Das Violinenspiel verliert an Bedeutung, dabei wird deutlich, dass Gregors mangelnde Musikalität ihn im Hinblick auf ihr Können in die Irre geführt hat; es vermag zumindest die drei Zimmerherren nur sehr kurzfristig in den Bann zu schlagen. Viel erfolgreicher wird Gretes Rolle als zukünftige Ehefrau sein, wie der Schluss zeigt, als Grete, fast provokativ, „ihren jungen Körper“ (63/36) dehnt. Aber auch hier verständigen die Eltern sich nur durch einen Blick über ihre Beobachtungen, es wird nur über die wirtschaftlichen Perspektiven auf diesem Ausflug gesprochen, über ihre menschlichen Zukunftsaussichten schweigt man wie zuvor.
Damit lässt sich die Erzählung als eine Darstellung der mangelnden Kommunikation verstehen, die Rollenkonflikte heraufbeschwört, sie eskalieren lässt und schließlich zur tödlichen Bedrohung werden lässt. Damit wäre auch der Bogen zu Kafkas Biografie zu schlagen.

Familiensituation nach Gregors Verwandlung

Vater:
wird gesünder und kräftiger, erlangt seine alte Dominanz zurück, hat Geld zurückgehalten, ‚besiegt' den Käfer-Sohn, arbeitet und trägt Uniform, demonstriert seine neue Macht, indem er den Zimmerherren und der Bedienerin kündigt, sieht die Zukunft in seiner Tochter (Heirat).

Schwester:
übernimmt Verantwortung, wird aktiv und versorgt den Käfer, beherrscht ihre Mutter, arbeitet und bildet sich fort, entscheidet über Gregors Zukunft, blüht auf und wird heiratsfähig.

Mutter:
kann trotz der Krankheit arbeiten, sorgt für ihren Mann, führt den Haushalt, fügt sich in die Situation.

Gregor
wird zum nutzlosen ausgegrenzten Sohn, ist wirtschaftlicher Ballast, er ist verantwortlich für die schlechte finanzielle Lage, weil man
- nicht umziehen kann,
- teure Wohnung halten muss,
- Personal entlassen muss,
- Familienschmuck verkaufen muss,
- arbeiten und Zimmerherren aufnehmen muss.

Erst Gregors Tod befreit die Familie von diesen Zwängen.

Leben und Werk Franz Kafkas

1883	3. Juli: Geburt Kafkas in Prag – ältestes Kind des Kaufmanns Hermann Kafka und seiner Frau Julie (geb. Löwy) – Schwestern: Elli (1889), Valli (1890) und Ottla (1892).
1901	Abitur und Studium an der Deutschen Universität in Prag.
1903	Juristisches Examen.
1904	Erste literarische Arbeiten.
1906	Promotion zum Dr. jur.
1908	Aushilfsbeamter bei der Prager „Arbeiter-Unfall-Versicherungs-Anstalt“ (bleibt dort – nach mehreren Beförderungen – bis zur Pensionierung).
1912	13. Aug.: erstes Zusammentreffen mit Felice Bauer.
1912	22./23.Sept.: „Das Urteil“ entsteht in einer Nacht.
1912	17. Nov. – 6./7. Dez.: „Die Verwandlung“ entsteht.
1914	1. Juni: offizielle Verlobung mit Felice; 12. Juli: Lösung der Verlobung; August: Arbeit am Roman „Der Prozeß“; Oktober: „Die Strafkolonie“ entsteht.
1915	23./24. Jan: Zusammentreffen mit Felice.
1917	Anfang Juli: 2. Verlobung mit Felice. August: schwere Erkrankung, Kafka zieht wieder zu seinen Eltern.
1918	Januar: Lösung des Verhältnisses mit Felice. Herbst: mehrere schwere Erkrankungen.
1919	Frühjahr und Herbst: mehrere Erkrankungen. Herbst: gescheiterter Versuch, gegen den Willen des Vaters Julie Wohryzek zu heiraten; erster Briefwechsel mit Milena Jesenská. November: „Brief an den Vater“.
1920	Nach dreijähriger Pause Wiederaufnahme der literarischen Arbeit; nähere Bekanntschaft mit Milena, im Herbst Distanzierung von ihr.
1921	Wiederannäherung an Milena, übergibt ihr alle Tagebücher, Beurlaubung vom Büro bis zur Pensionierung.

1922 Februar: „Der Hungerkünstler“; Beginn der Arbeit an dem Roman „Das Schloß“.

1923 Bettlägerigkeit; Juni: letzte Begegnung mit Milena.
August: Liebe zu Dora Diamant, am 24. Sept. Übersiedlung zu Dora nach Berlin.

1924 Mehrere Umzüge in Berlin, Verschlechterung des Gesundheitszustandes; Kehlkopftuberkulose; Sanatoriumsaufenthalte.
3. Juni: Tod Kafkas.
11. Juni: Begräbnis auf dem jüdischen Friedhof in Prag.

1941 21. Oktober: Elli und Valli werden nach Lodz deportiert und wahrscheinlich schon 1942 vergast.

1943 Oktober: Ottla, Kafkas Lieblingsschwester, wird in Auschwitz vergast.

1944 17. Mai Tod Milenas im Konzentrationslager Ravensbrück.

Literaturverzeichnis

Textausgaben

Kafka, Franz: Die Verwandlung (mit Materialien ausgewählt und eingeleitet von G. Malsch). Editionen für den Literaturunterricht, Stuttgart (Klett) 2000.
Kafka, Franz: Brief an den Vater. Fassung der Handschrift, Frankfurt/M. (Fischer) 1999.
Kafka, Franz: Die Verwandlung (mit einem Kommentar von Vladimir Nabokov), Frankfurt (Fischer) 2000.

Literatur über Kafka und „Die Verwandlung"

Beicken, Peter (Hg.): Franz Kafka – Die Verwandlung. Erläuterungen und Dokumente, Stuttgart (Reclam) 1983.

Binder, Hartmut: Kafka-Kommentar, München 1977.

Cersowsky, Peter: Mit primitivem Blick. Franz Kafka: „Die Verwandlung", in: Winfried Freund (Hg.), Deutsche Novellen, München 1993.

Fingerhut, Karlheinz: Die Verwandlung, in: Michael Müller (Hg.), Interpretationen. Franz Kafka. Romane und Erzählungen, Stuttgart (Reclam) 1994, S. 42ff.

Freund, Winfried (Hg.): Deutsche Novellen, München 1993.

Krämer, Herbert: Theorie der Novelle. Arbeitstexte für den Unterricht, Stuttgart (Reclam) 1976.

Matt, Peter von: Verkommene Söhne, missratene Töchter, München 1995.

Müller, Michael: Franz Kafka – Die Verwandlung, in: Interpretationen. Erzählungen des 20. Jahrhunderts, Bd 1, Stuttgart (Reclam) 1996, S. 139 ff.

Sokel, Walter: Franz Kafka. Tragik und Ironie, Frankfurt/M. (Fischer) 1976.